I PERSONAGGI PIÙ

CRUDELI

DELLA STORIA

W0224075

UOMINI E DONNE, RE, REGINE ED IMPERATORI, DITTATORI, BRIGANTI, ASSASSINI E SERIAL KILLER... MA ERANO POI COSÌ CATTIVI?

CRESCERE EDIZIONI

INDICE

PRESENTAZIONE

La crudeltà è sicuramente una componente dell'animo umano, pertanto in tutti i tempi, dall'epoca delle caverne a quella del computer sono accaduti episodi che hanno suscitato disgusto e terrore. Di testimonianze in tal senso sono ricche le cronache, ma, come sempre, occorre procedere con molta cautela prima di lasciarsi andare a giudizi affrettati perché non sempre i testimoni sono veritieri e soprattutto occorre contestualizzare gli episodi tenendo conto delle tradizioni e delle leggi che gli uomini seguivano in quel momento. Non è raro infatti che storici contemporanei sovvertano, in base a nuovi documenti, il giudizio su determinati personaggi che per secoli avevano subito la "damnatio memoriae". Compito nostro è pertanto quello di presentare i protagonisti della storia in modo obiettivo, ma allo stesso tempo non tacere, anzi sottolineare, quegli obrobri che a volte ci fanno vergognare di definirci "uomini".

PERSONAGGI CRUDELI NEL MONDO ANTICO

Spesso, nell'antichità, la legge del più forte era l'unica legge praticata e pertanto la violenza era un fattore molto più usuale di quanto lo sia ora. In questo contesto è difficile distinguere un animo malvagio dalla prassi comune, ma certamente alcuni personaggi si misero in luce per la loro mancanza di pietà.

ASSURBANIPAL

UN RE SPIETATO

Assurbanipal o Sardanapalos come lo conoscevano i Greci portò l'Impero assiro al suo massimo splendore comprendendo Babilonia, Persia, Siria ed Egitto (anche se l'Egitto è stato perso a seguito di una rivolta sotto il regno del faraone egizio Psammetichus I. Fu un sovrano popolare che governò i suoi cittadini con saggezza, ma fu spietato nei confronti dei suoi nemici (l'esempio più noto è un rilievo raffigurante il re sconfitto con una catena di cane che gli attraversa la mascella, costretto a vivere in un canile dopo la cattura). Durante il suo regno furono valorizzate l'architettura, la letteratura, le arti della scultura e la lavorazione artistica dei manufatti e venne edificata la famosa biblioteca di Ninive.

Statua di Assurbanipal scolpita dallo scultore siriano Fred Parhad posta davanti al Civic Center di San Francisco.

MORTO PER NOIA

La leggenda descrive Assurbanipal come un uomo colto ma anche effeminato e lussurioso. I successi militari gli consentirono di dominare su tutto il mondo allora conosciuto senza possibilità di ulteriori conquiste. Da quel momento la sua vita fu caratterizzata dal lusso e dall'eccesso nella gabbia dorata del suo palazzo reale di Ninive. Secondo la leggenda la noia per la vita, fin troppo generosa e senza accattivanti prospettive, spinse Assurbanipal a farsi bruciare su una pira funeraria con la sua favorita Mirra, insieme alle altre concubine e amanti.

Presso i popoli mesopotamici il bassorilieo ha assunto una funzione fondamentale nel documentare le più importanti fasi della loro storia; in questo rilievo Assurbanipal combatte contro un leone.

LA FEROCIA DEGLI ASSIRI

Gli Assiri erano considerati certamente una calamità dalle altre nazioni confinanti. La loro ferocia nel combattimento e nel trattamento dei prigionieri ci fanno rabbrividire ancora adesso a distanza di migliaia di anni. In un'iscrizione il re Assurnasirpal II morto nell'858 a.C. si vanta di queste gesta: «Ho fatto bruciare molti nemici; ad altri ho risparmiato la vita. A certuni ho mozzato le braccia o le mani ad altri il naso o le orecchie. Ho cavato un occhio a parecchi». Una delle loro torture più usate era quella di scorticare vivi, strappando la lingua o tagliando le labbra. Nel trionfo dei re assiri, i re vinti dovevano trainare il carro regale, spesso portando sulle spalle la testa mozza di un compatriota.

IL DESTINO DEI VINTI

"GUAI AI VINTI"

La famosa frase attribuita a Brenno, re dei Galli Senoni, subito dopo aver occupato Roma nel 390 a.C. si addice a molti altri vincitori in epoche precenti e successive. La pietà verso gli sconfitti era un sentimento del tutto assente e quando questi venivano risparmiati, sicuramente lo si faceva per un tornaconto e mai per bontà. I più spietati furono sicuramente gli Assiri, come testimoniano numerose iscrizioni trovate in Mesopotamia, ma non furono da meno gli Egizi o i più raffinati Persiani.

La brutalità di questi trattamenti era dovuta essenzialmente alla necessità di imporre in poco tempo il proprio potere e non v'era mezzo migliore che il terrore: le popolazioni decimate e sconvolte non erano più in grado di opporre una qualche resistenza e per il sovrano di turno era gioco facile imporre il proprio governo senza dover sprecare molte forze per salvaguardarlo. Per i sopravvissuti esisteva un unico destino: la schiavitù, che fu di fondamentale importanza per lo sviluppo e il progresso delle grandi civiltà europee e mediorientali.

In Grecia la schiavitù veniva considerata un istituto di "diritto naturale" e su di esso si basava gran parte dell'economia delle *poleis*. A Roma invece un uomo non era schiavo per natura, ma lo diventava in conseguenza di leggi o eventi e per questo poteva essere liberato per volontà del proprio padrone. Sta di fatto che la condizione degli schiavi era nella maggior parte dei casi davvero subumana: costretti ai lavori più pesanti avevano aspettative di vita davvero minime a meno che, soprattutto a Roma, non manifestassero doti particolari, allora in questo caso ricevevano un trattamento migliore e svolgevano mansioni meno faticose e di maggiore responsabilità. Nelle famiglie patrizie non era raro che l'educazione dei figli fosse affidata ad uno schiavo soprattutto se greco.

La crocifissione era una pena talmente feroce e umiliante che veniva inflitta solo agli schiavi, ai sovversivi e mai a un cittadino romano.

UCCISIONI DI MASSA

La ferocia degli Assiri è forse le più nota perché documentata dalle scene scolpite in molti bassorilievi e giunte fino a noi; grandi uccisioni di massa erano il risultato della conquista di una città che non aveva voluto arrendersi e, oltre alla vendetta, lo scopo era quello di intimorire i prossimi avversari e far loro comprendere quale sarebbe stato il destino se si fossero opposti alle armate.

Probabilmente la stessa volontà di terrorizzare i popoli vicino animò i compilatori della Bibbia nel descrivere le orrende carneficine ordinate da Jahvè durante conquista della terra di Canaan: "gli Israeliti li passarono a fil di spada, dagli abitanti delle città al bestiame, a tutto quello che si trovava; e diedero alle fiamme tutte le città che trovarono" (Libro dei Giudici, XX, 43-48).

ell'antico Regno di Giuda condotti a Babilonia mentre

ERODE IL GRANDE

SEGRETEZZA E FEDELTÀ

Un re di successo, un costruttore di città, ma anche un tiranno sanguinario, un assassino crudele e spietato, così è passato alla storia Erode il Grande, il cui nome non per nulla è associato dai cristiani al massacro più efferato dell'antichità: la strage degli innocenti. In realtà questa strage, di cui si parla solo nel Vangelo di Matteo, non ha mai avuto altri riscontri e soprattutto non ne parla Giuseppe Flavio, principale fonte della storia giudaica del I secolo d.C.; però è un indice del ricordo indelebile lasciato dai metodi che Erode utilizzava per sbarazzarsi degli avversari. Nel 40 a.C., in un momento di grave crisi per il regno giudaico, ottenne, grazie all'appoggio di Marco Antonio il titolo di re del Giudei, ma solo tre anni dopo potè fare il suo ingresso trionfale a Gerusalemme ed esercitare effettivamente la carica. Con il consenso di Roma occupò altre zone confinanti con il suo regno allargandone notevolmente i confini. In tutte le terre che governò fece costruire infrastrutture, templi e palazzi incrementando in tal modo l'economia della zona con la creazione di migliaia di posti di lavoro. Ma il suo carattere sospettoso, al limite della paranoia lo portò a eliminare le persone che gli stavano vicino temendo di venire ucciso in una congiura. Fu così che che fece uccidere sua moglie Marianne e tre dei suoi figli oltre altre decine di funzionari e parenti.

Marianne lascia il tribunale dopo la condanna a morte da parte Erode in un dipinto del 1887 del pittore inglese John William Waterhuose.

La strage degli innocenti, un affresco di Domenico Ghirlandaio nella cappella Tornabuoni della basilica di Santa Maria Novella a Firenze (1485-90).

ERODE NÈI VANGELI

Alcuni Magi, provenienti dall'Oriente, giunsero a Gerusalemme e chiesero dove fosse nato il nuovo re dei Giudei, quando questa richiesta arrivò alle orecchie di Erode, questi si spaventò e convocò segretamente i Magi. Saputo dai sacerdoti che il luogo della nascita era Betlemme li invitò a recarvisi con la promessa che al ritorno avrebbero rivelato al re il luogo esatto dove si trovava il bambino, in modo che anch'egli potesse andarlo a venerare. I Magi invece, avvertiti in sogno, non fecero ritorno a Gerusalemme e una volta omaggiato il Messia, tornarono in patria per un'altra strada. Quando Erode lo venne a sapere si infuriò e ordinò che tutti i bambini di Betlemme con meno di due anni fossero uccisi.

La fortezza di Masada, teatro dell'ultima resistenza degli Zeloti contro i Romani nella Guerra giudaica nel 66-70 d.C. Era stata il palazzo di Erode il Grande.

TORTURE

IL SADISMO DEL POTERE

Il ricorso alla violenza per ottenere informazioni o per estorcere delle confessioni è sempre stata una costante nella storia dell'uomo: dalle prime civiltà fluviali fino alla nostra era dominata dalla tecnologia. In alcuni casi la tortura era una forma di rito religioso in altri un sistema di espiazione dei peccati per presentarsi a Dio in modo puro, ma sempre era ed è una dimostrazione della brutalità dell'uomo che con i metodi più crudeli e sofisticati mette in luce uno degli aspetti più reconditi della sua personalità. Nel corso dei secoli sono stati infiniti gli strumenti inventati per infliggere dolore e per terrorizzare coloro che si trovano nelle mani degli aguzzini: si va dalla vergine di ferro, un sarcofago irto di aculei, al toro di Falaride, un toro metallico vuoto all'interno per contenervi il condannato, sotto il quale veniva acceso un fuoco. Se questi strumenti possono causare raccapriccio al solo pensiero non dobbiamo pensare che in epoca moderna non ve ne siano di altrettanto feroci, forse meno fantasiosi ma sicuramente efficaci.
Al giorno d'oggi si fa un largo uso dell'elettricità con gli elettroidi applicati nei punti più sensibili del corpo umano in modo da provocare una dolore insopportabile.
Nonostante ben 145 paesi dell'O.N.U abbiano sottoscritto la Convenzione contro la tortura, in molti paesi, tra cui l'Italia, non esiste nel codice penale il reato di tortura, per cui certi maltrattamenti, seppure tanto vituperati, poi non hanno nessuna rilevanza dal punto di vista penale.

La tortura dell'acqua è una di quelle ancora in voga e di essa si avvalgono i carcerieri di molti paesi per far confessare gli imputati: consiste nel far bere il prigioniero senza sosta fino a provocarne i sintomi dell'asfissia. Ripetuto più volte è un metodo sicuro per ottenere qualsiasi confessione.

Sedia per tortura che causava la morte per dissanguamento (The Torture Museum in Amsterdam).

Il toro di Falaride fu un'invenzione attribuita a Perillo di Atene, un fonditore di ottone che propose a Falaride, tiranno di Akragas, uno strumento per giustiziare i criminali.

Stanza delle torture situata in un castello nei pressi di Praga.

CALIGOLA

Scena tratta dal film del 1979 Caligola del regista italiano Tinto Brass e con una sceneggiatura dello scrittore statunitense Gore Vidal, al centro di molte polemiche e denunce per oscenità.

UNA LUCIDA FOLLIA

Fra i tanti imperatori romani Caligola è passato alla storia solo per la sua crudeltà e non per altri meriti. Svetonio, nel suo *Le vite dei dodici Cesari*, fu il primo a ritenere che il suo comportamento spietato fosse dovuto alla pazzia, ma storici moderni non sono propensi nel ritenere valida questa ipotesi, forse un po' di comodo, per "giustificare" il suo sadismo. Gaio Giulio Cesare Germanico nacque nel 12 d.C. e fin da bambino venne a contatto con l'ambiente duro dei militari e il suo soprannome Caligola deriva proprio dalla *caliga*, una calzatura militare che sua madre Agrippina Maggiore gli faceva indossare. Divenuto imperatore nel 37 alla morte di Tiberio, subito si conquistò il favore dei militari e del popolo con ricche elargizioni e festeggiamenti che durarono tre mesi. Poco dopo però si ammalò e durante la malattia alcuni tramarono per sostuirlo con il giovane Tiberio Gemello e fra questi vi era Macronio, il prefetto del pretorio.

Una volta guarito fece uccidere tutti i congiurati e costrinse al suicidio il suo rivale Tiberio Gemello e da quel momento iniziarono una serie di iniziative volte a togliere il potere al Senato, visto come un covo di cospiratori. Un altro colpo inferto al suo instabile carattere fu la morte della sorella Drusilla nel giugno del 38. Da quel momento, dopo un lungo periodo di lutto, inasprì il suo comportamento e approfittando di alcune congiure, vere o presunte, iniziò a elimare tutti i suoi avversari. Ma il suo vero bersaglio era il Senato e l'episodio del cavallo non è un atto di follia, bensì una dimostrazione di disprezzo verso questa istituzione. Diffidando di tutti per governare si servì di sicari reclutati tra liberti e pretoriani, e non si limitava a decretare la pena di morte per quelli che riteneva colpevoli, ma li faceva torturare pubblicamente affinché tutti potessero veder quanto forte fosse il suo potere. Il 24 gennaio del 41 un gruppo di pretoriani, guidati dai due tribuni Cassio Cherea e Cornelio Sabino, pugnalarono l'imperatore, che per giustificare le proprie azioni crudeli usava dire: "provino pure odio per me, purché mi temano".

Il pittore olandese Lawrence Alma Tadema nel 1867 dipinse questo quadro che immortala il momento della proclamazione di Claudio a imperatore. Claudio, timido e introverso, si era nascosto dietro la tenda per non farsi trovare dal centurione inviato dal Senato per annunciargli la sua nomina a imperatore di Roma.

Ricostruzione del volto di Caligola eseguita da una equipe di esperti russi del settore.

IL CAVALLO SENATORE

Svetonio, nelle sue Vite dei dodici Cesari racconta che Caligola aveva intenzione di nominare il suo cavallo, Incitatus, membro del Senato, tanto era il suo disprezzo per i senatori che riteneva il suo cavallo più che adatto a svolgere quella funzione. Incitatus era uno stallone da corsa con le bighe e si diceva che non aveva mai perso una corsa. Nella realtà Incitatus non divenne mai senatore nè tantomeno console forse perché al giovane imperatore mancò il tempo, comunque condusse una vita piena di agi continuamente assistito da decine di servitori.

AGRIPPINA MINORE

UNA TRAVAGLIATA GIOVINEZZA

Nipote di Augusto e figlia di Germanico e di Agrippina Maggiore all'età di tredici anni fu data in sposa a Gneo Domizio Enobarbo, molto più vecchio di lei, dal quale ebbe un figlio, Nerone, il futuro imperatore. Rimasta presto vedova passò alcuni anni in esilio perché malvista dall'imperatore Tiberio e quando Caligola, suo fratello, fu eletto imperatore sperò di tornare ai vecchi fasti familiari. Le paranoie del fratello che vedeva congiurati in ogni dove, colpirono anche lei e fu costretta nuovamente all'esilio. Solo con la morte di Caligola la situazione cambiò: richiamata a Roma dal nuovo imperatore Claudio, divenne una delle persone più influenti della corte imperiale e tanto tramò, coadiuvata da potenti amici come il liberto Pallante, che convinse Claudio, suo zio, a prenderla in sposa. Coronato il suo sogno di potere e appagato il desiderio di rivincita dopo le numerose umiliazioni subite, dedicò tutta se stessa a realizzare un nuovo sogno: vedere suo figlio Nerone sul trono imperiale.

LA MADRE DELL'IMPERATORE

Dopo avera fatto sposare il figlio con la figlia di Claudio, Ottavia, convinse il marito a nominare suo erede Nerone, al posto di Britannico, figlio avuto dalla precedente moglie Messalina. A questo punto i giochi erano fatti e non rimaneva che attendere la morte del vecchio imperatore. Però la pazienza non fu mai una dote di Agrippina e per questo, per accelerare i tempi, somministrò una porzione di funghi avvelenati al marito e così nel 54 finalmente il giovane Nerone fu nominato imperatore. Seguirono anni in cui il vero potere era accentrato nelle sue mani, essendo il figlio troppo giovane e poco propenso al governo dello Stato, ma quando Nerone prese coscienza di sé avvertì inevitabilmente la presenza ingombrante della madre e non potendo più sopportare il suo dominio ordinò che venisse uccisa nel marzo del 59.

La statua di Agrippina Minore ritrovata nel 1885 durante gli scavi per la costruzione dell'ospedale militare del Celio a Roma; probabilmente sorgeva all'interno del Tempio del Divo Claudio. Ora si trova presso la Centrale Montemartini a Roma.

Dipinto di autore sconosciuto raffigura il naufragio provocato dagli emissari di Nerone alla nave che trasportava la madre Agrippina Minore e una sua ancella.

Il pittore inglese John William Waterhouse nel 1878 dipinse un quadro intitolato Il rimorso di Nerone in cui viene raffigurato l'imperatore romano in preda al rimorso per aver provocato la morte della madre.

IL MATRICIDIO

Dopo aver tentato più volte di avvelenarla Nerone mise in atto una cospirazione per liberarsi definitivamente della madre, spinto da sua moglie Poppea, che odiava la suocera. Una sera invitò la madre ad una festa a Baia e inviò una barca a prenderla, ma nel tragitto i marinai, pagati da Nerone fecero affondare l'imbarcazione nella convinzione che Agrippina morisse annegata, invece questa, benché ferita riuscì a salvarsi nuotando e a raggiungere la terraferma. Quando Nerone seppe la notizia inviò dei sicari nella villa dove si era rifugiata con l'intento di finirla. Quando Agrippina vide i suo assassini gridò "Colpite al ventre che lo ha generato" ben conscia del mandante.

LA DINASTIA GIULIO-CLAUDIA

LA NASCITA DELL'IMPERO

La dinastia Giulio-Claudia è composta dai primi cinque imperatori romani che governarono a Roma dal 27 a.C. al 68 d.C. senza interruzioni.
Il fondatore dell'impero fu Ottaviano che nel 27 a.C. assunse il titolo di Augusto e con questo pose fine al lungo periodo della Repubblica nata nel 509 a.C con la cacciata del re Tarquinio il Superbo. Dopo la morte prematura di altri designati nel 14 d.C. il senato romano confermò Tiberio, figlio naturale di Livia, moglie di Ottaviano quale primo successore di Augusto. Il nuovo imperatore era un ottimo generale, ma di carattere introverso e poco portato alla vita di corte, per cui preferiva passare lunghi periodi fuori Roma, nella sua villa di Capri.

Pavel Svedomsky

Giulia, la figlia di Augusto, in esilio a Ventotene, in un dipinto del pittore russo Pavel Svedomsky.

La statua di Ottaviano, chiamata con il nome di Augusto di Prima Porta, da luogo dove venne ritrovata nel 1863, oggi presso i Musei Vaticani a Roma.

IL DECLINO DI UNA FAMIGLIA

Con la morte di Tiberio 37 d.C. iniziò un rapido deterioramento della dinastia e con Caligola (Gaio Giulio Cesare Germanico) toccò il suo punto più basso a causa delle stravaganze e della crudeltà di questo giovane che avrebbe voluto trasformare il principato in una monarchia assoluta sul tipo di quelle sorte in Oriente. In poco tempo sperperò quel consenso che lo aveva accolto alla sua nomina e dopo solo quattro anni venne ucciso in una congiura dei pretoriani. Nel 41 gli stessi pretoriani elessero imperatore Tiberio Claudio Druso, zio di Caligola, Durante il suo principato Roma conquistò la parte meridionale della Britannia e ampliò i diritti di cittadinanza estendendoli a tutte le province. Il suo errore fu quello di sposare Agrippina Minore, madre di Nerone, che pur di assicurare il potere al figlio, non esitò ad avvelenare il marito. Fu così che nel 54 Nerone venne proclamato imperatore a soli diciassette anni, sotto la tutela della madre. Dopo un primo periodo di buon governo emersero tutti i sui difetti e nel 68 una solllevazione militare lo costrine al suicidio. Terminò così ignominosamente una gloriosa casata.

Busto virile di Nerone l'ultimo imperatore della dinastia Giulio-Claudia.

Claudio, incredulo, riceve da un centurione la notizia della sua nomina a imperatore.

VALERIA MESSALINA

Messalina in un quadro del pittore francese Gustave Moreau del 1874. L'opera ora è esposta nel museo Gustave Moreau a Parigi.

LA DONNA CHE SCANDALIZZO' ROMA

Se c'è una donna che rappresenta l'archetipo della dissolutezza e della depravazione questa è Messalina, la giovane moglie dell'imperatore Claudio a cui gli storici suoi contemporanei hanno attribuito ogni genere di peccato. Data in sposa appena tredicenne al vecchio Claudio, nei primi anni di matrimonio si comportò come una buona moglie ed ebbe due figli, Ottavia e Tiberio Claudio Germanico detto poi Britannico, in seguito alla conquista della Britannia da parte del padre. E fu proprio durante l'assenza del marito impegnato nella campagna militare che la giovane imperatrice dette sfogo alle sue voglie, cercando il piacere non solo con giovani amanti, ma addirittura prostituendosi con il falso nome di Licisca.

LA FINE DI UN'ADULTERA

Ma Messalina non si macchiò solo di colpe legate alla sfera sessuale, fu anche una spietata assassina, eliminando tutti i potenziali concorrenti al figlio per la successione al trono imperiale. Nel 48 l'imperatrice s'invaghì del giovane senatore Gaio Silio e durante l'ennesima assenza del marito organizzò una festa dionisiaca in cui si sarebbero celebrate le "nozze" tra i due amanti. Claudio, avvertito da un liberto e irato per l'ennesimo affronto della moglie ne decretò la morte, che avvenne nel lussureggiante giardino degli *Horti Lucullliani* tanto amati da Messalina.

Statua dell'imperatrice Messalina con il figlio Britannico al Museo del Louvre.

Un soldato romano per ordine dell'imperatore Claudio uccide Messalina negli Horti Lucullian

LUSSURIA SENZA FRENI

Giovenale nelle sue Satire *racconta che Messalina ogni notte, non appena il marito si addormentava, si avvolgeva in un lungo e pesante mantello scuro, nascondeva i bei capelli neri sotto una parrucca bionda, e si recava nel solito lupanare dove, con lo pseudonimo di Licisca, si concedeva ai clienti "tutta nuda, i capezzoli tinti d'oro e mostrava il ventre che aveva partorito il generoso Britannico". Giovenale usa parole molto esplicite, che nulla lasciano all'immaginazione, e riferisce che Messalina era sempre l'ultima a lasciare la stanza "ancora tesa e ardente di libidine, stanca di maschi, ma non saziata" e infine, a malincuore e col viso sporco, rientrava a Palazzo portando "il fetore del postribolo nel talamo imperiale". Quanto di vero vi sia in questo racconto è tutto da verificare tenuto conto il disprezzo che Giovenale aveva per le donne in generale.*

NERONE

FU PROPRIO COSÌ FEROCE?

Chi osservò cantando, accompagnato dal suono della lira l'incendio che distruggeva la sua città? Chi perseguitò con estrema ferocia i cristiani? Chi ordinò l'uccisione della sua stessa madre? La risposta è sempre la stessa: Nerone. Basterebbe questo per farlo rientrare nella "top ten" dei malvagi di tutti i tempi, ma forse, come affermano alcuni storici moderni, i fatti non si svolsero proprio come gli scrittori del tempo ce li narrarono. Non vi è alcuna prova che l'incendio che distrusse le aree popolari di Roma nel 64 d.C. fosse stato appiccato per ordine dell'imperarore né tantomeno che egli assistette al rogo del tutto indifferente, anzi si prodigò per aiutare gli sfollati. Eppure da subito circolò la voce che sua fosse la responsabilità così per sviare i sospetti dalla sua persona pensò di attribure la colpa ai cristiani, una "setta" molto malvista dalla popolazione che già da tempo veniva accusata di tradire le tradizioni romane.

La malvagità di Nerone è probabilmente il frutto di una "cattiva stampa", come diremmo oggi, capeggiata da Tacito e dagli storici cristiani, che attribuirono all'imperatore una pazzia del tutto falsa.

CONTRO IL SENATO

Fu così che iniziarono le persecuzioni, ma colpirono solo una piccola parte dei seguaci di Cristo, ben più dure e sanguinose furono quelle ordinate da Traiano, qualche anno dopo. Sulla responsabilità del matricidio non vi sono dubbi anche perché negli ultimi anni del suo governo la paura di congiure e gli intrallazzi di corte lo avevano completamete trasformato in un tiranno spietato. Eppure il suo regno era cominciato nel migliore dei modi tanto che i primi cinque anni furono definiti *quinquennium aureum* tanto erano stati fedeli alle tradizioni politiche romane. Le cose mutarono quando si mise contro la classe senatoria con proposte di legge che miravano a ridurre le tasse e a liberalizzare la circolazioni delle merci, andando così a colpire gli inerteressi economici di senatori, aristocratici e proprietari terrieri. Iniziò a quel punto un opera di demonizzazione i cui effetti sono giunti fino ai nostri giorni.

Busto di Poppea, seconda moglie di Nerone. Il matrimonio con Poppea fu uno dei motivi di scontro tra Nerone e la madre Agrippina, che mal sopportava la giovane.
Considerata ambiziosa e priva di scrupoli, Poppea usò la sua bellezza per conquistare il giovane imperatore e soddisfare la sua ambizione.

IL "COLOSSO" DI NERONE

Costruita intorno alla metà del I secolo d.C. dallo scultore greco Zenodoro, la statua gigantesca in bronzo raffigurante Nerone era alta oltre 30 metri e si poggiva su un basamento in marmo rivestito in bronzo alto circa 10 metri. Fu collocata nell'atrio della meravigliosa Domus Aurea, la dimora che Nerone volle per sé sul Colle Oppio, ma con la morte dell'imperatore e la sua damnatio memoriae la statua fu modificata sotto Vespasiano e dedicata al Dio Sole. L'imperatore Adriano, ne ordinò lo spostamento nei pressi dell'Anfiteatro Flavio, e furono necessari 24 elefanti per il trasporto. Abbiamo sue notizie fino al V secolo quando probabilmente venne danneggiata durante un terremoto. Nel medioevo, come si era soliti fare, la statua fu distrutta per riutilizzare il bronzo per altri scopi e ora di essa abbiamo solo parte del basamento nei pressi del Colosseo.

Morte di Agrippina Minore, dipinto del pittore italiano Antonio Rizzi (1869-1940), oggi presso il Palazzo del Comune di Cremona.

PERSECUZIONI

UNA MINACCIA PER L'IMPERO

La rapida diffusione del cristianesimo venne a costituire motivo di preoccupazione agli occhi dell'autorità imperiale perché, a differenza di altre religioni, minava alcuni punti fermi della politica e della società imperiale. Proprio per questo la tolleranza, che aveva caratterizzato la classe dirigente romana verso le religioni dei popoli conquistati, non fu applicata verso i cristiani. Le persecuzioni tuttavia non furono mai sistematiche e così numerose come la tradizione ci ha tramandato; esse anziché disperdere le comunità cristiane, come le autorità speravano, le alimentarono, rafforzando la solidarietà interna e la fiducia nella loro fede. La prima persecuzione fu quella voluta da Nerone, nel 64 con l'accusa di aver provocato il grande incendio che distrusse buona parte di Roma. Fu in questa occasione che secondo la tradizione morì Pietro, ma la storicità di tale evento è messa in serio dubbio da molti storici, vista la mancanza di fonti certe. Unico documento è un testo apocrifo, gli *Atti di Pietro*, di contenuto abbastanza favolistico.

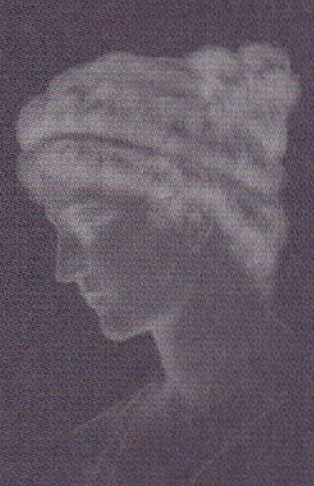

La morte di Ipazia, lapidata dai cristiani ad Alessandria d'Egitto, considerata uno dei primi martiri della libertà di pensiero.

L'ultima preghiera dei martiri cristiani in un dipinto del pittore francese Jean-Léon Gérôme (1824-1904).

CACCIA AI CRISTIANI

Dopo la morte di Nerone non vi fu però una continua persecuzione nei confronti dei cristiani, come un tempo si era portati a credere: solo in caso di denunce specifiche venivano condannati e non sempre a morte. Un altro luogo comune da sfatare è quello dei martiri divorati dalle belve feroci all'interno del Colosseo di fronte ad una folla festante di cui non vi è alcun documento, tra le migliaia rimaste, che attesti un simile episodio. La crisi del III secolo segnò la fase più dolorosa delle persecuzioni con gli imperatori Decio, Valeriano e soprattutto Diocleziano che nel 303, con l'editto di Nicomedia, ordinò il rogo dei libri sacri, il divieto di riunione, la perdita di cariche e privilegi ed infine l'arresto. L'anno successivo fu imposto a tutti i cittadini di sacrificare agli dei e poiché i cristiani si rifiutavano iniziò una vera e propria caccia al cristiano che si concludeva il più delle volte con la morte, anche se non in maniera così spettacolare come ci è stato tramandato. Nel 311 con l'editto di tolleranza emanato da Galerio terminò ogni tipo di persecuzione.

Le fiaccole di Nerone, un dipinto del pittore polacco Henryk Siemiradzki (1848-1902), ora al Museo Nazionale di Cracovia.

Una Dirce cristiana, dipinto del XIX secolo attribuito al pittore polacco Henryk Siemiradzki. Nella mitologia greca Dirce, per punizione, venne attaccata a un toro furioso.

COMMODO

Moneta romana con l'effige dell'imperatore Cesare Lucio Marco Aurelio Commodo.

UN IMPERATORE MEGALOMANE

Figlio di Marco Aurelio, uno dei più importanti imperatori romani, succedette al padre nel 180, ma con il padre aveva ben pochi tratti in comune. Anziché le lettere e la filosofia tanto amate dal padre, Commodo preferiva i giochi dell'arena, nei quali amava cimentarsi e dar prova di grande maestria. Questo comportamento suscitò un vero scandalo e i senatori non mancarono di screditartalo di fronte all'opinione pubblica. Al di là del suo comportamento bizzarro, instaurò un regime tirannico, arrivando persino a mutare il nome di Roma in *Colonia Commodiana* e a ridenominare il Senato *Senato della Fortuna Commodiana.* Questa megalomania di cui soffriva era il frutto della tendenza tipica degli imperatori a voler essere trattati come dei in terra; erano fuori dalla realtà come oggi succede a molti peronaggi famosi dal carattere debole e insicuro. Nel 192 organizzò una serie di giochi che durarono una settimana a cui prese parte personalmente con il nome di Ercole romano; a quel punto anche i suoi stretti collaboratori, la sua concubina filocristiana Marcia, il cubiculario Ecletto e il prefetto del pretorio Leto, lo abbandonarono, anzi ordirono essi stessi una congiura e fecero uccidere. Alla notizia della morte il Senato lo bollò con la *damnatio memoriae* che in seguito gli fu tolta per volere dell'imperatore Settimio Severo.

L'imperatore Commodo lascia il circo alla testa dei gladiatori, dipinto del pittore americano Edwin Howland Blashfield (1848-1936).

L'UCCISIONE DI COMMODO

La sera della vigilia di capodanno durante un banchetto per la nomina dei nuovi consoli la concubina Marcia tentò di avvelenare Commodo, ma l'Imperatore, sentendosi appesantito dal lauto pasto chiese ai domestici di aiutarlo a vomitare, salvandosi così inconsapevolmente.

A quel punto, avendo mancato il bersaglio e temendo di poter essere presto scoperti, i congiurati si rivolsero al maestro dei gladiatori Narcisso, il quale, spinto dalla promessa di una ricca ricompensa, strangolò quella sera stessa Commodo nel bagno.

Jean-Léon Gérôme

Pollice verso, un dipinto del 1872 del pittore francese Jean-Léon Gérôme che immortala il momento in cui il pubblico dell'arena reclama la morte del gladiatore sconfitto.

ATTILA

Il re degli Unni in una raffigurazione del Liber Chronicarum, una storia illustrata del mondo scritta in latino e stampata a Norimberga nel 1493.

IL FLAGELLO DI DIO

La personalità più temibile, destinata a dominare in taluni momenti la vicenda orientale e occidentale e quanto restava dell'Impero romano, fu quella di Attila, il capo incontrastato degli Unni, una popolazione mongola proveniente dalle steppe dell'Asia, che già verso il 374-375 ricacciò gli Alani a ridosso degli Ostrogoti giunti dall'Ucraina e i Visigoti verso il Danubio. Attila, dapprima con il fratello Bleda poi da solo, iniziò una serie di azioni militari che lo portarono a razziare e a distruggere tanto da meritarsi l'epiteto di "Flagello di Dio". Nel 447 sconfisse l'imperatore bizantino Teodosio II, ma non riuscì ad espugnare Costantinopoli. Nel 451 si diresse verso occidente e invase la Gallia insieme a Genserico, re dei vandali, però il generale romano Flavio Ezio nella battaglia dei Campi Catalaunici (odierna Châlons-sur-Marne) riuscì a sconfiggerlo e a respingerlo oltre il Reno. L'anno successivo (452), riprese l'iniziativa e invase l'Italia: distrusse Aquileia e altri centri veneti i cui abitanti cercarono scampo rifugiandosi nelle isole lagunari, fondando il primo nucleo abitato di *Rivum Altum*, o Rialto, da cui nascerà Venezia. Fu poi la volta di Pavia e Milano e sembrava che la via verso Roma fosse spalancata quando un'ambasceria guidata dal papa Leone I gli andò incontro nei pressi di Mantova e, dietro pagamento di un tributo, lo convinse a rientrare in Pannonia. Nel 453, mentre si preparava a invadere nuovamente l'Italia, morì per un colpo apoplettico, proprio la notte delle sue nozze con la bella Ildico. Dopo la sua morte gli Unni decimati da una pestilenza, si ritirarono verso la vasta pianura russa, abbandonando le terre conquistate.

Attila raffigurato in un dipinto della metà dell'Ottocento del pittore francese Eugène Delacroix (1798-1863), ora al Palais Bourbon di Parigi.

La morte di Attila, un dipinto del pittore magiaro Ferenc Paczka (1856-1925). Secondo lo storico bizantino Prisco, Attila morì dopo un sontuoso banchetto che celebrava il suo ultimo matrimonio.

Attila in un medaglione rinascimentale recante l'inscrizione "FLAGEL(L)VM DEI"

GLI UNNI

Sulle origini degli Unni ancora oggi non ci sono certezze per gli storici, poiché essendo una popolazione nomade, non lasciò tracce come un popolo sedentario. Probabilmente erano di origine turco-mongola provenienti dalle steppe dell'Asia centrale e penetrarono in Europa approfittando delle divisioni fra le tribù germaniche e della debolezza dell'Impero romano.

Prima dell'avvento di Attila i suoi predecessori erano riusciti ad assumere il controllo di un vasto territorio che si estendeva dal Baltico fino al Don, sfiorando il Reno e il bacino del Danubio, dove avevano la loro base.

PERSONAGGI CRUDELI NEL MEDIOEVO

Con il crollo dell'Impero romano e l'avvento dei "barbari" sparirono alcune forme di convivenza civile che avevano caratterizzato gli ultimi secoli del mondo antico e si ripiombò nell'oscurità dove l'unica legge era quella del più forte. Milioni di uomini furono travolti dalla sete di conquista o dal fanatismo che guidava la mente di alcuni individui.

FREDEGONDA DI NEUSTRIA

DA SCHIAVA A REGINA

Nata in una famiglia poverissima entrò come schiava alla corte di Soissons, al servizio della regina Audovera, ma il re di Neustria Chilperico, abbagliato dalla sua selvaggia bellezza, la volle per sè concedendole il *friedelehe*, ovvero un matrimonio di secondo ordine, che ne fece non solo la sua favorita, ma anche uno dei suoi più ascoltati consiglieri. Fu probabilmente seguendo un suo consiglio che nel 567 Chilperico ripudiò Audovera ma invece di sposare Fredegonda il re sposò Galsuinda, figlia del re dei Visigoti e sorella di Brunechilde la moglie di suo fratello Sigeberto I di Austrasia. Subito Fredegonda sembrò accettare la situazione, ma poco dopo ordì una congiura e fece assassinare Galsuinda, causando una lunga guerra tra i regni di Neustria e Austrasia. Sigeberto, con una serie di battaglie vittoriose riuscì a conquistare la Neustria, ma poco prima di essere inocoronato re fu ucciso da due sicari inviati da Fredegonda (575). Eliminato il principale ostacolo si fece sposare ufficialmente da Chilperico e finalmente potè coronare il suo sogno di diventare regina.

La regina Fredegonda assiste compiaciuta alla morte del vescovo Pretestato in un dipinto di Lawrence Alma-Tadema del 1864.

Nel 567, Chilperico I, invidioso del fratellastro, dopo aver ripudiato la prima moglie Audovera e allontanato da sé la sua concubina favorita, Fredegonda, chiese ad Atanagildo la mano di Galsuinda, la sorella maggiore di Brunechilde. Ma l'anno dopo la fece assassinare per sposare la sua favorita, Fredegonda. La scena è rappresentata in un dipinto ottocentesco del pittore francese Philastre Fils.

TUTTO PER IL FIGLIO

A questo punto non rimaneva altro che fornire al regno un erede; in primo luogo fece uccidere i figli di primo letto di Chilperico, Meroveo (che nel frattempo aveva sposato Brunechilde) e Clodoveo, la loro madre Audovera (che era stata esiliata in un monastero) e fece esiliare il vescovo Pretestato, colpevole di aver celebrato le nozze tra Brunechilde e Meroveo e di aver pubblicamente denunciato i suoi crimini. Quando la strada sembrava spianata grazie a questi delitti, iniziarono le difficoltà perché la regina non riusciva a procreare un figlio maschio e non sapendo con chi prendersela scatenò la sua ira sui servi facendone uccidere a decine. Finalmente nel 584 riuscì a partorire Clotario II, e subito dopo il marito Chilperico morì (forse ucciso da lei stessa) e lei assunse la reggenza in nome del figlio. Per ampliare il suo regno nel 592 invase la Borgogna, che faceva parte del regno di Austrasia, e sconfisse gli austrasiani a Leucofao (596) e prese Parigi, ma non poté godere della vittoria perché morì l'anno dopo a Parigi, dove fu sepolta nel monastero di San Vincenzo che in seguito divenne famoso col nome di Saint-Germain-des-Prés.

Fredegonda tenta di uccidere sua figlia Rigonda schiacciandole il collo sotto il coperchio di un baule. Il rapporto tra le due donne fu molto contrastato e non si conosce realmente in che modo sia morta Rigonda.

TORTURE E PUNIZIONI

La crudeltà di Fredegonda traspare di frequente nelle cronache dell'eopoca; quando fu catturata la sua rivale Brunechilde dopo aver subito le peggiori torture e umiliazioni, venne attaccata per un braccio, una gamba e i capelli alla coda di un cavallo selvaggio che, aizzato al galoppo, fece a pezzi il corpo dell'anziana regina. Altre punizioni ordinate dalla regina consistevano nella mutilazione di mani e piedi, pena inflitta a Olerico, che l'aveva tradita.

IRENE DI BISANZIO

UNA BELLEZZA CONTURBANTE

Ragazza bellissima originaria di Atene fu scelta per andare in sposa al figlio dell'imperatore bizantino Costantino V dal quale nel gennaio del 771 ebbe un figlio, Costantino VI. Nel 775 morì il vecchio imperatore e così salì al trono come regina a fianco del marito Leone IV che però morì dopo solo cinque anni di regno in circostanze misteriose, forse avvelenato. Fu così che Irene si trovò a capo di un impero come tutrice del giovane figlio e si occupò principalmete di porre fine ai dissidi religiosi determinando la fine dell'iconoclastia che tanti conflitti aveva creato all'interno della Chiesa d'Oriente. Quando il figlio raggiunse la maggiore età cominciarono ad emergere dei contrasti fra i due e in un primo momento Irene si fece da parte, ma non volendo assolutamente perdere il potere che aveva conquistato cominciò a tramare fino al punto che in occasione di una rivolta di soldati lo fece prendere prigioniero e gli fece strappare gli occhi. Il giovane sovrano morì qualche giorno dopo e Irene assunse il titoto di *basileus* (imperatore) e non quello di *basilissa* (imperatrice) proprio a significare in suo potere assoluto (797). Rifiutò di sposarsi con tutti i pretendenti che si erano offerti proprio per non dividere con nessuno quel potere che aveva conquistato con tanta fatica. Negli anni successivi però gli insuccessi militari del suo esercito crearono malcontento che si concretizzò nell'802 quando il suo tesoriere Niceforo guidò una rivolta che la detronizzò. Esiliata nell'isola di Lesbo vi morì l'anno seguente.

Irene era stata scelta appena quindicenne dai messi imperiali a causa della sua straordinaria bellezza e la sua indubbia fede; mostrava poca vivacità e una naturale timidezza, celando, la superbia sotto il suo sguardo tenebroso.

Costantino VI sul trono con sua madre Irene in antiche cronache russe scritte nel XVI secolo.

Solidus di Costantino VI assieme a sua madre Irene d'Atene

Il Concilio di Nicea del 786; voluto da Irene, fu interrotto per l'intervento nell'aula conciliare di truppe iconoclaste che dispersero i convenuti.

IRENE E CARLO MAGNO

Negli anni in cui visse Irene in Europa si stava affermando un altro grande personaggio: il re dei Franchi, Carlo Magno. Quando questi cominciò ad affermarsi espandendo enormemente i confini del suo stato, l'imperatrice Irene propose un matrimonio tra suo figlio, il futuro imperatore Costantino VI, e Rotrude, figlia di Carlo. Il progetto in un primo momento piacque sia a Carlo che al Papa, ma poco dopo i rapporti peggiorarono a causa della svolta data da Irene alla controversia iconoclasta presa senza consultare i vescovi franchi. Inoltre l'incoronazione di Carlo quale imperatore fu un atto che fece irritare Costantinopoli, che accolse la notizia con derisione e disprezzo; nonostante le iniziative di Carlo per ripristinare buoni rapporti tra i due imperi la situazione rimase tesa.

OLGA DI KIEV

UNA VENDETTA SPIETATA

Figlia di un nobile variago della casata degli Izborsk, nel 903 sposò il principe Igor di Kiev che nel 945 venne ucciso nel territorio della tribù dei Drevijani. Rimasta vedova e con un figlio di soli tre anni divenne di fatto la sovrana di quel principato in attesa che il figlio raggiungesse la maggiore età. I primi anni del suo regno li dedicò a vendicarsi dei Drevijani che le avevano assassinato il marito.

Fingendo di accettare la proposta di matrimonio del principe Mal dei Drevijani, chiese che questi si recasse da lei accompagnato dai più importanti esponenti della tribù. Non appena la folta delegazione giunse in città li fece accomodare in un edificio per ristorarli con un bagno caldo, ma quando tutti furono dentro, serrò le porte dell'edificio e appiccò il fuoco bruciandoli tutti. Non paga di ciò invitò altri componenti della tribù a rendere omaggio alla tomba del marito e dopo la cerimonia li fece ubriacare e sterminare dai suoi soldati. Infine per distruggere completamente l'odiata tribù strinse d'assedio i principali villaggi e quando gli emissari si recarono da lei per trattare la pace rispose loro che in cambio della sua benevolenza avrebbe voluto solo tre piccioni e tre passeri per ogni casa. Questi ben felici di accettare una simile proposta si affrettarono ad accontentarla nella speranza di porre finalmente fine alle loro sofferenze. Ma la perfida regina consegnò ad ogni soldato un uccello a cui attaccò un pezzo di zolfo avvolto in un tessuto; quando giunse la notte fece rilasciare i volatili che tornarono alle loro case e quando lo zolfo prese fuoco appiccò l'incendio alle case che bruciarono tutte quasi contemporaneamente.

Mentre la gente fuggiva dalla città, Olga fece catturare tutti dai suoi soldati, anche gli anziani; alcuni vennero uccisi, altri schiavizzati, altri ancora considerati un tributo. Da quel momento dei Drevijani se ne persero le tracce. La ferocia che contraddistingueva Olga scompare però dalle cronache del suo regno a seguito della sua conversione al cristianesimo.

La vendetta di Olga di Kiev rappresentata nelle Cronache di Radzwill, uno dei più antichi manoscritti in lingua slava orientale, trascritto nel Cinquecento da un originale del XIII secolo.

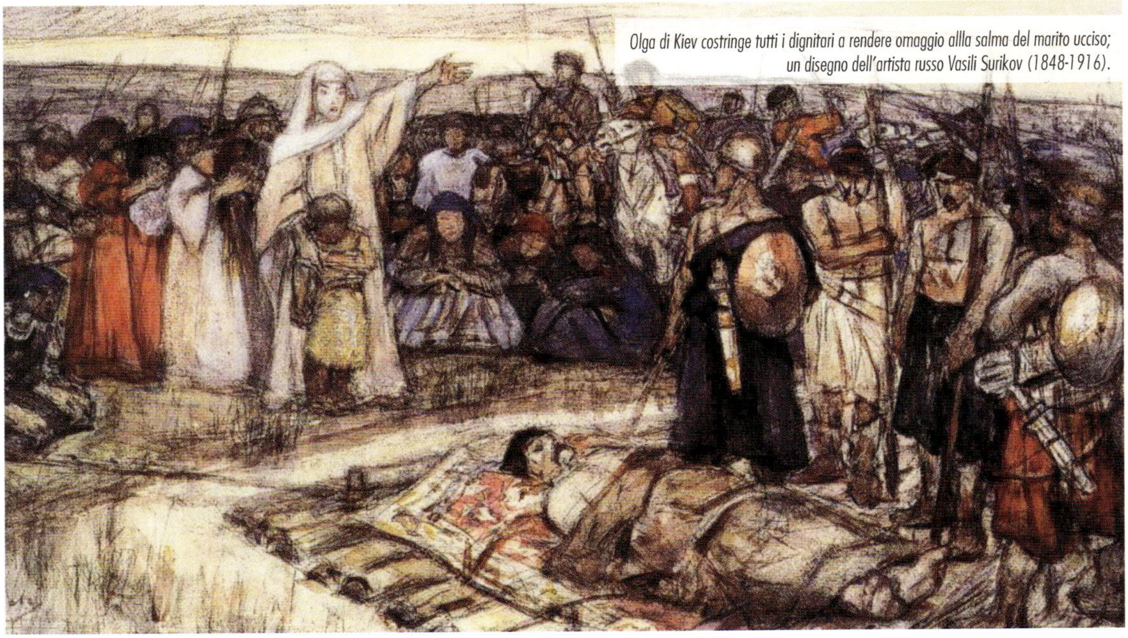

Olga di Kiev costringe tutti i dignitari a rendere omaggio allla salma del marito ucciso; un disegno dell'artista russo Vasili Surikov (1848-1916).

Fu Olga di Kiev a fissare i concetti di imposta cioè il dan' dovuto a Kiev e le prestazioni di lavoro a tempo determinato da fornire al kniaz (un principe) o uroki (oggi in russo si chiamano così i compiti dei ragazzi da mostrare al maestro un certo giorno a scuola!). L'esazione dei tributi ai Drevijani è rappresentata in un dipinto dei primi anni del Novecento del pittore russo Klavdi Lebedev.

LA SANTA

Nel 957 Olga si recò a Costantinopoli e in quell'occasione chiese di essere battezzara dal patriarca Polieucte e al suo ritorno a Kiev si attivò per diffondere il cristianesimo (di rito bizantino) nel suo principato, ma la popolazione e soprattutto l'aristocrazia rimasero insensibili al suo invito preferendo continuare con le loro tradizioni pagane tanto che neppure il figlio Svjatoslav, ormai principe di Kiev, la seguì nel nuovo credo.
Nonostante l'invio di un monaco da parte dell'imperatore germanico Ottone I la situazione non mutò e soltanto con l'avvento al potere del nipote Vladimir la popolazione decise di abbracciare il cristianesimo. Da quel momento Olga venne considerata una santa e la venerazione fu poi confermata da un sinodo russo del 1574.

GUIDO DI LUSIGNANO

Guido di Lusignano e il Saladino in un quadro dipinto dal pittore olandese Jan Lievens nel 1625.

UN OTTUSO AVVENTURIERO

Figlio del conte Ugo VIII di Lusignano e vassallo del re d'Inghilterra, dovette abbandonare le sue terre a seguito del suo coinvolgimento nell'uccisione di Patrick, primo conte di Salisbury. Nel suo peregrinare giunse a Gerusalemme e grazie a suo fratello Amalrico, entrò nella corte reale dove trovò l'appoggio di Agnese di Courtenay, madre del re Baldovino IV di Gerusalemme. Dopo poco tempo, con l'aiuto di Agnese, ottenne la mano della principessa Sibilla, sorella del re, che nel 1182, a causa delle sue precarie condizioni di salute, lo nominò reggente. Durante il suo governo, influenzato da Rinaldo di Chatillon, riprese le ostilità nei confronti dei musulmani, nonostante fosse in vigore una tregua che Baldovino aveva stretto negli anni precendenti con Saladino. L'ira di Baldovino, benché gravemente malato, non si fece attendere e, riprese in mani le redini del Regno, isolò Guido tentando perfino di far annullare il matrimonio con la sorella.

RE DI GERUSALEMME

Nel 1185 Baldovino IV, morì di lebbra, e il nipote Baldovino V, figlio avuto da Sibilla in un precedente matrimonio, divenne re. Il giovane sovrano (di appena sette anni) morì l'anno successivo così la madre Sibilla venne incoronata regina di Gerusalemme e suo marito Guido di conseguenza divenne re consorte. Ottenuto il potere ruppe la tregua con i musulmani permettendo a Rinaldo di Chatillon di attaccare a tradimento una carovana e di uccidere tra gli altri anche la sorella del Saladino. Nella guerra che ne seguì il suo esercito venne distrutto ad Hattin ed egli cadde prigioniero nelle mani del Saladino. Dopo due anni venne liberato e per la perdita del Regno di Gerusalemme ottenne l'isola di Cipro di cui venne proclamato "Signore". Morì nel 1194 senza lasciare eredi.

Secondo un aneddoto raccontato da fonti arabe quando Guido di Lusignano cadde prigioniero del comandante musulmano credette di essere sul punto di morire, ma il Saladino gli offrì generosamnte da bere e disse "I re non uccidono altri re". Tale generosità non venne applicata nei confronti di Roberto di Chatillon, al quale venne invece tagliata la testa.

I crociati sconfitti nella battaglia depongono le armi ai piedi di Salah al Din che, con generosità, lascia salva la vita alla maggior parte dei cavalieri cristiani fra i quali Guido di Lusignano Raimondo III di Tripoli e Baliano di Ibelin. Tutti i cavalieri Templari e i cavalieri Ospedalieri furono però uccisi per ordine del vincitore.

L'AVVERSARIO: SALADINO

Salah ad-Din (Saladino), soprannome onorifico «Pienezza della religione» con cui fu noto in Europa il sultano d'Egitto, Siria e Mesopotamia Jussuf ibn-Ayyub, capostipite della dinastia degli Ayyubidi, che nel 1187 riconquistò Gerusalemme strappandola ai cristiani. Grazie alle sue doti militari nel 1169 fu nominato comandante in capo dell'esercito siriaco e visir d'Egitto; approfittando della crisi interna del califfato fatimida nel 1171 s'impadronì del potere al Cairo dando vita alla nuova dinastia ayyubida. Dopo aver radunato un grande esercito fu in grado di attaccare i crociati nel 1187 e dopo averli sconfitti a Hittin (in Galilea) riconquistò Gerusalemme. Per queste imprese Saladino è diventato una figura di spicco nella cultura non solo musulmana.

Il 4 luglio 1187 Guido di Lusignano condusse i crociati contro le truppe di Saladino nella battaglia di Hattin, portando con se la reliquia della "Vera Croce": questa fu tolta al cadavere del Vescovo di Acri e cadde nelle mani dei musulmani. Da quel momento se ne persero le tracce.

CACCIA AGLI ERETICI

UNA SOLA FEDE

Con l'affermarsi del Cristianesimo iniziarono le dispute interne al movimento religioso tra coloro che davano diverse intrepretazioni alle parole di Cristo. Dopo violenti dibattiti verbali che spesso sfociavano anche in scontri fisici l'autorità religiosa, attraverso i Concili, poneva la parola fine al dibattito dichiarando "vera" una sola interpretazione e "false" tutte le altre. Era una sentenza definitiva e tutti si dovevano adeguare altrimenti venivano tacciati di eresia, la peggiore infamia per un cristiano. Ovviamente non tutti accettavano la decisione del Concilio e coloro che venivano sorpresi a propagandare "false tesi" venivano immediatamente condannati e il più delle volte giustiziati nel modo più atroce. Essendosi la Chiesa costituita come istituzione gerarchica depositaria del *patrimonium fidei* l'eresia rappresentava un elemento disgregatore dell'unità religiosa e pertanto un assoluto pericolo per l'esistenza della Chiesa stessa. Questo è il motivo di tanto accanimento nei confronti degli eretici considerati non solo dei deviazionisti ma soprattutto dei traditori, paragonabili a Giuda, il traditore per eccellenza. Così che nel corso dei secoli furono giustiziati dalle autorità religiose migliaia e migliaia di persone, alle volte solo per un sospetto o per una denuncia di un rivale. I più confessavano, sotto tortura, i loro "crimini" e la Chiesa poteva dichiararsi salva.

Supplizi inferti ai peccatori dopo il giorno del Giudizio universale in un affresco nel Santuario della Madonna della Colletta a Luzzogno, in Italia.

I supplizio di Jan Hus a Costanza rappresentato nelle Spiezer Chronik, un manoscritto tedesco del 1485 opera di Diebold Schilling il Vecchio.

I PROCESSI ALLE STREGHE

La caccia alle streghe si praticava con la persecuzione di soggetti, in stragrande maggioranza donne, ma vi furono anche processi a "stregoni", sospettati di compiere sortilegi, malefici, fatture, o di essere in rapporto con forze infernali capaci di conferire loro il potere di danneggiare persone, animali e cose. Solo una piccola minoranza delle donne catturate e arse sul rogo come streghe poteva essere annoverata tra i criminali, per omicidio o altri gravi reati, quasi sempre collegati all'occultismo. Per lo più si trattava di persone innocenti, spesso levatrici e guaritrici, o ai prostitute. Quindi si colpivano le portatrici di un sapere ancestrale legato all uso di erbe e infusi, forse ritenendole capaci di mettere in dubbio o di oscurare il potere dell'autorità e dei sacerdoti.

Giovanna d'Arco sul rogo prima di essere arsa viva, dipinto del pittore tedesco Anton Hermann Stilke (1803-1860). L'eroina francese della Guerra dei Cent'anni catturata e consegnata agli inglesi venne da questi processata con l'accusa di stregoneria e condannata a morte nel maggio 1431.

GENGIS KHAN

UN SAGGIO FEROCE

Grande organizzatore e insieme spietato conquistatore, Gengis Khan seminò il terrore e la desolazione ovunque passasse, ma seppe anche servirsi dei letterati buddisti e della civiltà dei popoli conquistati per dare ai suoi Mongoli, selvaggi e primitivi, ordine e disciplina non solo militare ma anche morale. Temujin era il figlio di Yesugei, discendente da antichi capi mongoli e rimase orfano quando era ancora bambino; fu allevato dalla madre con altri cinque fratelli, in condizioni molto precarie, tuttavia, grazie al suo forte carattere e alle indiscusse qualità, riuscì a imporsi all'interno delle varie tribù. Nel 1206, dopo aver sconfitto i capi delle tribù rivali, venne proclamato Gengis Khan ("Signore universale"), capo riconosciuto dei Tatari e dei Mongoli. Stabilì la sua capitale a Karakorum e iniziò la conquista della Cina settentrionale che occupò nel 1215 distruggendo Pechino e massacrando la maggior parte dei suoi abitanti. A questo punto si diresse a occidente e invase prima l'impero turco di Khorezm (composto dagli attuali Iran, Iraq e Turkestan), poi i regni di Peshawar e Lahore ed infine la Russia di Kiev. Nel 1226 il suo impero aveva proporzioni mai viste prima, estendendosi dal Mar della Cina alle coste del Mar Nero. Richiamato in Cina per una ribellione interna morì il 18 agosto 1227 per le conseguenze di una caduta da cavallo, e l'immenso impero venne diviso in quattro parti attribuite ai figli e ai nipoti.

Antica moneta mongola con l'iscrizione "Grande Khan, coniata nel 1221 a Balk, nell'odierno Afghanistan.

Imponente statua dell'imperatore mongolo che si trova presso il Genghis Khan National Museum a Ulaanbaatar, in Mongolia

MASSACRO DI CINESI

Il paese che più di altri subì un gran numero di vittime fu la Cina che prima dell'invasione mongola aveva circa una popolazione di 100 milioni di abitanti che si ridusse a soli 60 milioni nel 1300, ossia circa cinquant'anni dopo la conquista dei Mongoli. Questo comporatamento così violento non era dettato dalla sola brutalità, ma faceva parte di un disegno strategico, che doveva rafforzare l'immagine dei mongoli come inflessibili e imbattibili, agendo da deterrente contro i possibili oppositori.

Il cuore dell'armata mongola era composto da cavalieri leggeri che montavano piccoli e veloci cavalli. Non indossavano armature e combattevano con spade leggere e corte lance, ma soprattutto con archi ricurvi e frecce, un'arma la cui precisione era nefasta per i nemici.

IL DESTINO DELLE CITTÀ ASSEDIATE

Quando i Mongoli riuscivano a conquistare una città assediata, il destino dei vinti era già segnato: gli artigiani, ritenuti utili, avevano le loro vite risparmiate ma venivano deportati in Mongolia, le donne giovani e i bambini venivano donati ai soldati come schiavi mentre il resto della popolazione veniva massacrata: per esempio, conquistata Urgench nell'Uzbekistan, 50000 soldati mongoli ebbero, ciascuno, il compito di uccidere 24 prigionieri.

EZZELINO DA ROMANO

UN NEMICO DEL PAPA

Se Dante Alighieri pone il conte Ezzelino III da Romano nell'inferno immerso nel sangue bollente assieme ad altri violenti vuol dire che le dicerie sul conto di questo signorotto feudale avevano raggiunto una vasta platea nazionale. In effetti Ezzelino non era uno stinco di santo, come non lo erano la maggior parte dei feudatari di allora, ma ha avuto il "torto" di porsi contro il Papa e gli storici e cronisti medievali, attenti a non urtare la suscettibilità dei pontefici, calcarono la mano su di lui descrivendolo come un efferato carnefice, che godeva nel torturare i suoi prigionieri.

Il signore del castello di San Zenone, Alberico da Romano, fratello di Ezzelino, chiede pietà per se e per la sua famiglia ai suoi aguzzini che però gliela negano accecati dall'odio e per vendicarsi dell'odiato fratello.

Il castello di Monselice, vicino a Padova, con la torre detta "di Ezzelino" fatta costruire dal duca su ordine dell'imperatore Federico II di Svevia.

VIOLENTO E INDOMABILE

Signore di Verona, Vicenza, Padova e Treviso. Ghibellino, nominato podestà di Verona nel 1226, parteggiò dapprima per la Lega lombarda e poi per l'imperatore Federico II, con il cui appoggio poté rapidamente espandere i propri domini dal fiume Oglio fino a Trento diventando uno dei più potenti signori dell'Italia settentrionale. Dopo la morte di Federico II fu scomunicato come eretico da papa Innocenzo IV (1254) e gli si volsero contro le città del Veneto e della Lombardia. Nel 1258 tentò la conquista di Milano insieme ai fuorusciti ghibellini ma fu catturato nella battaglia di Cassano d'Adda (1259) e portato a Soncino dove, rinchiuso in carcere, rifiutò di farsi curare le ferite, anzi si disse, che con le proprie mani si strappò le fasciature e allargò gli squarci della sua carne per morire in fretta, dissanguato.

Ritratto di Ezzelino da Romano eseguito dal pittore italiano Cristofano dell'Altissimo (1552-1568 circa), che eseguì oltre 280 ritratti di personaggi famosi.

SANT'ANTONIO DA PADOVA

Antonio, questo francescano a cui i padovani hanno dedicato la loro basilica era originario di Coimbra in Portogallo e dopo aver predicato in varie parti d'Europa si stabilì a Padova negli ultimi anni della sua vita. Qui, essendo venuto a conoscenza di una terribile strage di uomini perpetrata da Ezzelino da Romano presso Verona, lo volle incontrare e secondo la tradizione si rivolse a lui con dure parole: "O nemico di Dio, tiranno spietato, cane rabbioso, fino a quando continuerai a versare sangue innocente di cristiani? Ecco, ti pende sopra il capo la sentenza del Signore, terribile e durissima!". Ezzelino invece di farlo arrestare ordinò alle sue guardie di allontanarlo senza violenza giustificando questo atteggiamento remissivo con il timore reverenziale che gli occhi del futuro santo gli avevano imposto.

VLAD TEPES

L'IMPALATORE

Vlad III Draculea in Romania è considerato un eroe nazionale, un fondatore della patria, eppure in Occidente è noto principalmente per il suo soprannome: *Tepes*, l'impalatore. Non che fosse il creatore di questo terribile supplizio, usato in precedenza dagli stessi crociati, ma certamente ne fece largo uso per spaventare il nemico che fuggiva atterrito di fronte ad una foresta di corpi impalati. Il nome Draculea viene dal padre Vlad II, che assunse il titolo di *Dracul* quando entrò a far parte dell'Ordine del Drago, un'organizzazione militare segreta creata per proteggere il Cristianesimo. Draculea dunque significa proprio "figlio di Dracul". Vlad visse gli anni dell'adolescenza alla corte del Sultano turco, poiché il padre lo aveva inviato insieme al fratello come ostaggio per poter mantenere il trono, minacciato fortemente dalle armate musulmane che premevano ai confini.
Durante questo periodo, Vlad alimentò un odio inestinguibile per i Turchi e disprezzo per la vita umana in generale, acquisendo un carattere in cui la brutalità era la componente determinate. Tornato in patria alla morte del patre fu per tre volte *voivoda* di Valacchia, rispettivamente nel 1448, dal 1456 al 1462, e infine nel 1476. Per tutta la vita dovette lottare sia contro nemici interni che volevano sottrargli il trono, sia soprattutto contro l'avanzata inarrestabile dell'esercito ottomano che in quegli anni s'impadronì della penisola balcanica dopo aver occupato Costantinopoli nel 1453. Quando nel 1476 il papa Sisto IV indisse una nuova crociata contro i Turchi, chiese a Vlad di guidare l'esercito cristiano, questi accettò in cambio della restituzione delle proprie terre. Il suo ultimo regno fu però di breve durata perchè morì nel primo scontro contro i Turchi.

Vlad Tepes riceve gli inviati del sultano, dipinto del pittore rumeno di origine armena Theodor Aman (1831-1891).

L'impalamento consisteva nell'infilzare un palo acuminato nel basso ventre del condannato per poi farlo uscire all'altezza delle spalle.

Ritratto di Vlad III di Valacchia in un affresco del XVII secolo nel castello appartenente agli Esterházy, una delle più antiche famiglie nobiliari ungheresi.

LA LEGGENDA DI DRACULA

La vita di Vlad III ispirò lo scrittore irlandese Bram Stoker che nel 1887 scrisse il romanzo Dracula *in cui primeggia la figura del vampiro, un mostro assetato (nel vero senso del termine) di sangue che di notte si aggira alla continua ricerca delle sue vittime, mentre di giorno, infastidito dalla luce del sole, vive rinchiuso in una bara. Il successo del romanzo fu tale che Dracula divenne una figura dell'immaginario collettivo e numerosi registi vi si ispirarono per una trasposizione cinematografica. La migliore interpretazione del terribile vampiro fu quella di Christopher Lee in* Dracula il vampiro *(1958) di Terence Fisher.*

ESECUZIONI E SUPPLIZI

UN CASTIGO PER IL REATO

Da quando l'uomo si è dato delle leggi che garantissero la convivenze civile ha stabilito anche le pene per chi infrangeva quelle leggi e tanto più era considerato efferato il delitto, tanto più doveva essere atroce il supplizio capitale. In quest'ottica pertanto l'esecuzione doveva considerarsi un "giusto castigo" e doveva essere pubblico per intimorire i possibili rei e esaudire il desiderio di vendetta della comunità nei confronti del colpevole. Uno dei modi che i romani usavano per punire i rei di tradimento era la fustigazione, mentre per altri tipi di reato, ma non per i cittadini romani, si usava la crocifissione. Nel Medioevo la fantasia certo non mancava e tra i modi più truculenti per togliere la vita ad un uomo c'era lo squartamento o la ruota legando il malcapitato con braccia e gambe larghe, procurandogli degli strappi ad ogni movimento.

Il supplizio dello squartamento con i cavalli; la vittima veniva legata a due o più cavalli che poi venivano spronati perché andassero al galoppo in direzioni opposte. L'ultimo di questo tipo di supplizio ebbe luogo a Parigi il 28 marzo 1757 e ne fu testimone l'avventuriero italiano Giacomo Casanova.

REATI "RELIGIOSI"

Per i reati a sfondo religioso si usava il rogo, il fuoco aveva in questo caso un ruolo purificatore in modo da permettere all'anima del condannato di presentarsi davanti all'Eterno, monda da ogni peccato. In epoche più vicine alla nostra si adottarono sistemi meno sanguinari, ma altrettanto violenti per eseguire le condanne a morte: l'impiccagione, il taglio della testa (in seguito perfezionato con l'invenzione dellla ghigliottina), la garrota o la fucilazione posero fine in modo più immediato alle sofferenze dei condannati, pur appagando la "sete di vendetta" di coloro che con entusiasmo assistevano a simili eventi come se fosse uno spettacolo.

il martirio di San Giorgio su una ruota piena di chiodi in un dipinto del pittore fiammingo Michiel van Coxcie (1580 circa).

I CAPI DELLA RIVOLTA DEI CONTADINI

Jakob (chiamato Jäcklein) Rohrbach era un capo de contadini che insorsero contro i feudatari in Germania nel 1525. In alcune zone la rivolta ebbe caratteri molti violenti che sfociarono in rapine, dei saccheggi e incendio di castelli, conventi e monasteri con uccisioni indiscriminate.

La repressione dei nobili fu altrettanto cruadele e ottenne anche il plauso di Martin Lutero.

Alla sconfitta degli insorti in battaglia fece seguito la cattura, tortura ed esecuzione di dei capi della rivolta che vennero sottoposti ai tremendi supplizi che affrontarono con coraggio.

TAMERLANO

L'EREDE DI GENGIS KHAN

Timur-i Leng, cioè Timur lo zoppo era un mongolo della Transoxiana di fede musulmana che con una serie di rapide campagne condotte con innato genio militare e inumana ferocia, ripristinò, almeno parzialmente, l'immenso impero di Gengis Khan. Partendo dalle proprie regioni d'origine e approfittando della situazione di disfacimento dell'Islam si impadronì della Persia settentrionale, di Tabriz, dell'Anatolia orientale (1387), della Siria (1392) e della Georgia. Dirigendosi ad Oriente, invase l'India distruggendo Delhi (1398), ritornò in Occidente sconfiggendo il sultano d'Egitto ad Aleppo (1401) e battendo quello turco Bayazid I nella battagia di Ancyra (Ankara) nel 1402, bloccando per qualche tempo l'espansione della potenza ottomana dell'Asia Minore e togliendo infine Smirne ai Cavalieri di Rodi. Volse quindi 1e sue mire alla conquista e all'islamizzazione della Cina, ma non riuscì a realizzare questo progetto perché morì all'improvviso.

Una ricostruzione moderna del volto di Tamerlano partendo dal suo teschio.

PIRAMIDI DI TESTE MOZZATE

Per terrorizzare e sottomettere facilmente le popolazioni conquistate faceva erigere delle piramidi con le teste dei nemici uccisi e disponeva i crani con in volto rivolto verso la strada per indicare cosa aspettava a chi si opponesse la suo dominio. Quando conquistò Delhi, in India, fece erigere sulla piazza principale quattro torri formate da teste recise: una di donne, una di uomini, una di anziani e una di bambini.

Grande statua di Tamerlano a Samarcanda. Tamerlano fece di questa città la sua capitale, facendola completamente ricostruire con lavori che durarono 35 anni.

Grande statua equestre di Tamerlano nella Piazza Amir Temur a Taskent, la capitale dell'Uzbekistan.

TAMERLANO E BAYAZID

Il 28 luglio del 1402, nella battaglia di Ancyra, il sultano dell'impero ottomano Bayezid cadde prigioniero di Tamerlano e secondo alcune fonti fu rinchiuso in una gabbia come un trofeo. A quel punto sorsero numerose dicerie secondo le quali Tamerlano lo avrebbe sottoposto a numerose umiliazioni tra le quali che lo avrebbe usato come poggiapiedi, durante le riunioni. Tuttavia, queste voci sono ritenute false; i cronisti della corte di Tamerlano narrano anzi che Bayezid fu trattato con riguardo e che Tamerlano avrebbe avuto intenzione di ristabilirlo sul trono dell'Impero ottomano, ma la morte del sultano glielo impedì.

GILLES DE RAIS

IL VERO BARBABLÙ

Secondo alcuni Charles Perrault, il creatore di fiabe del XVII secolo, si ispirò a Gilles de Rais per creare il personaggio terribile di Balbablù, vero terrore per tutti i bambini e non solo loro. Gilles de Rais, imparentato con le famiglie più nobili della Bretagna e cresciuto alla corte del futuro re di Francia Carlo VII fu inizialmente un eroe di guerra combattendo a fianco di Giovanna d'Arco contro le truppe inglesi. Dopo la morte della pulzella d'Orleans si ritirò nelle sue terre e qui si dedicò all'alchimia e non solo. Secondo il processo al quale fu sottoposto nell'ambito di attività stregonesche, torturò e uccise almeno 140 tra bambini e adolescenti, soprattutto mendicanti, che i suoi aiutanti gli procacciavano allettandoli con false promesse. Di solito i cadaveri venivano bruciati per far sparire le tracce. Ma non sempre. E fu proprio questa "trascuratezza" a segnare definitivamente la fine di Gilles de Rais. La stanza proibita del castello di Champtocé nascondeva montagne di povere ossa. Dopo che il duca di Bretagna prese in consegna il maniero, testimoni oculari scoprirono nella stanza della torre le ossa di 46 bambini. Fu un rapimento a decretare la fine del barone. Non quello di un bambino, bensì di un canonico. Un atto di violenza compiuto da Gilles de Rais in una chiesa della Bretagna durante la messa di Pentecoste del 1440. Con il suo gesto, il barone de Rais aveva leso l'immunità della Chiesa. Il vescovo di Nantes aprì un'inchiesta sulle voci che giravano riguardo i rapimenti di bambini e alla fine, il 29 luglio 1440, accusò ufficialmente de Rais di essere "un assassino, un perverso, un servo del Demonio e colpevole di altri delitti immondi commessi nei territori di sua giurisdizione." Il maresciallo ammise tutte le sue colpe riconoscendo di aver fatto tanto male "da meritare la morte diecimila volte". Fu impiccato il 26 ottobre 1440 a Biesse, davanti a una folla di spettatori impazienti di assistere alla morte del mostro.

Miniature del processo a Gilles de Rais. Sopra: una giovane vittima depone davanti al vescovo. A destra: l'impiccagione del maresciallo il 20 ottobre 1440.

Gilles de Rais nel suo laboratorio di alchimista preleva il sangue delle vittime uccise. Illustrazione del 1862 di Jean-Antoine-Valentin Foulquier.

IL PATTO CON IL DIAVOLO

La leggenda di un patto col diavolo, familiare alla storia di Faust e alla figura di Mefistofele, è un elemento di molti racconti di origine popolare; diversi sono i desideri che spingono l'uomo a ottenere l'aiuto di un demone e il prezzo da pagare è l'anima del contraente. Anche Gilles de Rais strinse un accordo col Diavolo per mezzo delle evocazioni sataniche operate da un ex-chierico italiano, Francesco Prelati, scovato nei bassifondi di Firenze dall'abate Eustache Blanchet, che era stato il confessore del maresciallo. Fu proprio questo taumaturgo a spingere Gilles de Rais all'uccisione di innocenti perché, secondo lui, questo era l'unico mezzo per entrare in contatto con il demonio.

SELIM IL CRUDELE

STERMINATORE DI PARENTI

A Selim I, sultano dell'impero ottomano, fu attribuito il soprannome di *Yavuz* che in Occidente fu tradotto in "Crudele" visto i suoi metodi violenti per conquistare e mantenere il potere. Figlio di Bayezid II, costrinse il padre nel 1512 a cedergli il governo dello stato dopo aver assassinato i suoi due fratelli, maggiori di lui e pertanto legittimi eredi. Non pago di ciò convocò tutti i suoi parenti maschi a Istanbul e dopo averli raggruppati tutti in una stanza del palazzo ordinò ai suoi soldati di strozzarli. Se con i suoi parenti aveva tenuto fede al suo soprannome, non lo fu da meno con i suoi stretti collaboratori, tanto è vero che una maledizione che divenne comune al suo tempo era "Possa tu diventare il visir di Selim" visto che nel suo breve regno (governò per soli otto anni dal 1512 al 1520) ne cambiò ben sette e tutti fecero una brutta fine. Dopo aver consolidato il suo potere si dedicò alla difesa dell'ortodossia religiosa perseguitando tutti i possibili nemici.

Il principe druso Fakhreddin I convocato alla corte di Selim I a Damasco nel 1516.

Nella battaglia di Cialdiran Selim sconfisse i Safavidi, sovrani della Persia, e si impadronì della metà orientale dell'Anatolia.

DIFENSORE DELLA FEDE

Subito dopo aver conquistato il trono volle sbarazzarsi di tutti coloro che considerava degli eretici, gli sciiti e in un colpo solo ne fece uccidere più di 40000, rastrellandoli nel suo vasto impero. Poi, sempre in nome dell'ortodossia sunnita, condusse una guerra santa contro i Safawidi guidati da Scià Ismail I, annientandoli nella battaglia di Cialdiran (1514). Negli anni immediatamente successivi occupò la Siria e l'Egitto, sconfiggendo i Mamelucchi e nel 1517 costrinse il califfo abbaside Mutawakkil III a cedergli il titolo e pertanto fu il primo sultano della dinastia ottomana ad assumere il ruolo di "califfo". Nell'ultima fase del suo regno Selim dovette affrontare la rivolta delle popolazioni turcomanne dell'Anatolia orientale e nel 1520, mentre si stava preparando ad una nuova spedizione contro Rodi si ammalò gravemente e morì nel piccolo villaggio di Sirt.

Ritratto del sultano Selim I in un'incisione del XVI secolo. Sebbene sia passato alla storia come "il crudele" era un buon letterato tanto che compose anche un canzoniere in persiano.

I GIANNIZZERI

Il reparto più famoso dell'esercito ottomano dell'epoca era quello dei Giannizzeri (yeni-ceri, truppe nuove), fondato nel 1330 dal sultano Murad I e composto soprattutto da giovani cristiani fatti schiavi. Il loro reclutamento (devscirme) avveniva in maniera drammatica: ogni tre o quattro anni, alcuni funzionari del sultano si recavano nei villaggi cristiani e con la forza prendevano un quinto dei bambini più robusti tra i 6 e i 9 anni per poi addestrarli all'arte della guerra (questo arruolamento forzato fu poi abolito nel 1676); essi formavano così la guardia scelta del sultano. L'efficenza di questa unità era data dal costante addestramento e dalla rigida disciplina con la stretta osservanza di sedici regole stabilite dal sultano Murad. Dopo una ennesima rivolta questo corpo dichiarato fuorilegge dal sultano Mahmud II e fatto sterminare nel 1826 dall'esercito.

L'INQUISIZIONE

IL TRIBUNALE DELLA CHIESA

Fin dalla sua origine la Chiesa cattolica aveva messo in atto strumenti per difendere l'ortodossia e combattere le eresie ma solo nel medioevo venne istituito un vero tribulane in cui l'imputato doveva rispondere delle accuse e giustificare il suo operato. Il ruolo di giudici era riservato a rappresentanti degli ordini mendicanti quali i francescani o i domenicani che avevano il compito di esaminare le accuse e interrogare il sospetto. Se ritenuto colpevole il reo poteva essere condannato a pene che andavano dalle semplici penitenze canoniche (flagellazione, pellegrinaggio, servizio in Terrasanta) alla confisca dei beni, all'imprigionamento o nei casi più gravi alla morte sul rogo. Il termine deriva dal fatto che i giudici usavano una procedura di tipo "inquisitorio" messa a punto tra gli ultimi anni del XII secolo e l'inizio del XIII, che autorizzava le autorità religiose a procedere d'ufficio anche in mancanza di un'accusa vera e propria, bastava solo che il presunto colpevole fosse "diffamato dalla voce pubblica", cioè fosse fondatamente sospettato di aver commesso un reato nei confronti della Chiesa. Allo scopo di combattere più efficacemente la Riforma protestante, il 21 luglio 1542 papa Paolo III emanò la bolla *Licet ab initio*, con la quale si costituiva l'Inquisizione romana, ossia la «Congregazione della sacra, romana ed universale Inquisizione del santo Offizio».

La tortura della ruota era una delle tante forme di coercizione applicate dagli inquisitori, anche se era loro ben chiaro che le confessioni strappate in questo modo avevano poco valore.

Autodafé in Plaza Mayor a Madrid in un dipinto del 1683 del pittore spagnolo (1683), Francisco Rizi (o Ricci), oggi al Museo de l Prado.

Il 17 febbario 1600 in Campo dei fiori a Roma viene giustiziato, bruciandolo vivo, il monaco domenicano Giordano Bruno, condannato per eresia a causa della diffusione di una dottrina basata sul naturalismo rinascimentale.

AUTO-DA-FÈ

Quella dell'*auto-da-fé* è una delle pagine più buie della nostra storia, una pagina lunga dal XIII al XIX secolo. Si trattava di una cerimonia religiosa a cui era chiamata a partecipare l'intera cittadinanza: in una piazza adeguatamente grande veniva celebrata una solenne messa, quindi i condannati, vestiti con abiti particolari (*sanbenito*) venivano introdotti in piazza dopo aver percorso in processione tutte le vie della città. Qui veniva loro letta la sentenza dell'inquisizione ed erano consegnati al braccio secolare.
I condannati a morte che si pentivano *in extremis* avevano il privilegio di essere strangolati; gli altri venivano arsi vivi. Il primo auto-da-fé di cui si ha notizia si svolse a Parigi nel 1242, durante il regno di Luigi IX mentre l'ultimo ebbe luogo a Siviglia nel 1781. Gli autodafé si svolsero anche in Messico, Brasile e Perù dopo che i *conquistadores* avevano imposto la nuova religione cristiana alla popolazione locale.

TORQUEMADA

Torquemada conduce dei conversos (convertiti) alla corte dei reali di Spagna Isabella e Ferdinando e insiste affinché i sovrani prendano dei provvedimenti di espulsione contro di essi sostenendo che la conversione (forzata) al cristianesimo fosse falsa.

UNO SPIETATO PERSECUTORE

Il priore del convento domenicano di Santa Cruz di Segovia e confessore dei re cattolici Isabella di Castiglia e Ferdinando d'Aragona fu il primo Grande inquisitore spagnolo. Nominato dai re nel 1483 con l'avallo di papa Sisto IV si dedicò completamente allla riorganizzazione dell'Inquisizione spagnola impartendo le *Istructiones*, con cui dava indicazioni sia per le indagini sia per lo svolgimento degli interrogatori, in cui non venivano lesinate le torture, pur di strappare all'imputato un'ammissione di colpevolezza. Le sue vittime preferite furono soprattutto gli ebrei e i musulmani che si erano convertiti (*marranos* e *moriscos*) ritenendo che tale conversione era dovuta non ad un convinto ripensamento religioso, ma fosse solo un modo per salvarsi dalle persecuzioni. Secondo alcuni storici Torquemada processò più di 20000 persone e 2000 di queste furono condannate a morte. Nel 1492, dopo quasi dieci anni di attività, fu "invitato" dal papa Alessandro VI a ritirarsi in convento ad Avila, ma anche da lì continuò la sua opera di persuasione nei confronti dei regnanti affinché espellessero dalla Spagna tutti gli ebrei e oltre 300000 di loro furono costretti ad abbandonare la penisola iberica. Per tutti questi motivi Torquemada è passato alla storia con l'appellativo di "Leggenda nera" e mai come in questo caso il nome è adeguato allla persona.

L'INQUISIZIONE SPAGNOLA

L'inquisizione spagnola fu istituita con la bolla papale Exigit Sincerae Devotionis da papa Sisto IV nel 1478 su richiesta dei sovrani spagnoli Ferdinando d'Aragona e Isabella di Castiglia.
Subito rivolse la sua attenzione contro gli ebrei, i marrani (ebrei convertitisi per opportunismo), contro i moriscos (maomettani convertitisi ugualmente) e in seguito contro i protestanti.
I metodi usati per estorcere le confessioni furono terribili, facendo ricorso sistematico alla tortura, peraltro strumento che era stato autorizzato fin dal 1262 da papa Innocenzo IV.
Il domenicano Torquemada, fu il primo Grande inquisitore spagnolo. Il Tribunale dell'Inquisizione sarà abolito in Spagna solo nel 1824.

Questa stampa del XIX secolo illustra le varie fasi del processo del Tribunale dellInquisizione e si vedono alcune delle torture più comuni praticate sugli imputati per costringerli a confessare le loro colpe.

PERSONAGGI CRUDELI DAL CINQUECENTO AL SETTECENTO

La scoperta di un nuovo mondo spinge uomini avidi e senza scrupoli a impadronirsi di vasti imperi, annientando antiche civiltà, sconosciute fino ad allora, annichilendo con la forza di un armamento migliore ogni velleità di resistenza.

ENRICO VIII

SEI MOGLI PER UN EREDE

Terzo figlio di Enrico VII e di Elisabetta di York, nel 1509 succedette al padre e sposò Caterina d'Aragona vedova del fratello maggiore Arturo. Dopo molti anni di matrimonio si pose il problema dinastico poiché dei sei figli che Caterina gli aveva dato, solo Maria, nata nel 1516, sopravviveva; il desiderio di un figlio maschio unito al fatto che si era innamorato della dama di corte Anna Bolena lo spinsero a chiedere al papa l'annullamento del matrimonio. Dopo una lunghissima disputa teologica e legale l'arcivescovo di Canterbury Thomas Cranmer il 23 maggio 1533 dichiarò non valido il suo matrimonio e poté sposare Anna Bolena. Questo fatto non fu approvato dal pontefice e per tutta risposta Enrico ricorse all'"Atto di supremazia" (*Act of Supremacy*, 1534) che rendeva il re capo supremo della Chiesa d'Inghilterra attuando così lo scisma dalla Chiesa romana. Nel 1536 Anna Bolena, che non gli aveva dato il sospirato figlio maschio, fu accusata di adulterio, processata e decapitata, così il re sposò Jane Seymour che gli diede il figlio Edoardo, morto a sedici anni. Nel gennaio 1540, dopo la morte della terza moglie sposò Anna di Clèves, principessa tedesca che avrebbe dovuto favorire un'intesa con i principi protestanti tedeschi, ma anche quest'unione non fu felice e finì con un divorzio dopo pochi mesi. A luglio dello stesso anno si sposò per la quinta volta con Caterina Howard che due anni dopo fece giustiziare, accusandola di cattiva condotta. Nel 1543 Enrico sposò Caterina Parr che gli sopravvisse. Alla fine, tutti i suoi sforzi per procurarsi un erede maschio per il trono furono vani e gli succedette Maria, la figlia avuta dalla prima moglie, Caterina. Alcuni sostengono che questo suo comportamento, violento e irascibile fosse frutto delle conseguenze di numerose lesioni celebrali causate da cadute da cavallo e da ferite subite nelle numerose partecipazioni ai tornei, di cui andava tanto fiero.

Enrico VIII d'Inghilterra; particolare di un dipinto di autore sconosciuto del 1545, oggi nel palazzo di Hampton Court. Accanto al sovrano sono la moglie Jane Seymour e il figlio Edoardo, che gli succederà con il nome di Edoardo VI.

François Barthélémy Michel Édouard Cibot

Anna Bolena alla Torre di Londra subito dopo l'arresto. Il momento di disperazione è ben rappresentato nel dipinto del pittore francese François Barthélémy Michel Édouard Cibot (1799-1877).

Il Campo del Drappo d'Oro in una incisione del 1774 dell'inglese James Basire, ripresa da un dipinto ad olio del XVI secolo. Era un accampamento allestito dal re di Francia Francesco I in una vasta piana della Fiandre fra Ardres e Guînes, e fu la sede di un celebre incontro tra il re di Francia ed Enrico VIII, per stabilire un'alleanza contro l'imperatore del sacro Romano Impero Carlo V.

ANNA BOLENA

Dopo essere diventata dama d'onore di Caterina d'Aragona, attirò l'attenzione del re Enrico VIII e ne divenne ben presto l'amante.

Fu proprio per sposare Anna che avvenne la rottura tra il re e papa Clemente VII e, una volta operato lo strappo, Enrico VIII potè celebrate il matrimonio (1533). Ma la passione durò ben poco e dopo la nascita di una figlia (la futura Elisabetta I) cominciarono a circolare voci sui tradimenti di Anna. Il re istituì in fretta e furia un tribunale che decretò la colpevolezza della regina e il 19 maggio 1536 fu decapitata.

Il giorno dopo Enrico sposò Jane Seymour.

IVAN IV IL TERRIBILE

IN LOTTA CONTRO I BOIARDI

Figlio di Basilio II, nacque nel 1530. Rimasto orfano di entrambi i genitori all'età di tre anni, cadde sotto il potere dei boiardi, i potenti nobili russi che se ne disputarono la tutela. Appena divenne maggiorenne nel 1547 intraprese un'energica repressione contro i suoi ex tutori tanto da meritarsi il titolo di "Terribile". In realtà questo appellativo deriva dal russo *"groznyj"*, che si può tradurre anche con "Minaccioso", con un'accezione positiva in quanto per il popolo le minacce erano rivolte esclusivamente ai boiardi, odiati da tutti; non per nulla nelle fiabe russe il principe Ivan è l'eroe che ripara i torti. Una volta preso in mano il potere riordinò le strutture amministrative, militari e religiose dello Stato, avvalendosi anche della collaborazione di un consiglio privato *(Rada)*. Nel 1549 convocò lo *Zemskij Sobor*, la prima assemblea rappresentativa mai riunita da un monarca russo.

Ivan il Terribile accerchiato dalle anime delle sue vittime in un dipinto del pittore russo Mikhail Konstantinovich Clodt (1832-1902).

GUERRE DI ESPANSIONE

A questo periodo di riorganizzazione interna e di relativo equilibrio, seguirono le grandi spedizioni verso l'esterno. Nel 1558 invase la Livonia, per aprirsi uno sbocco sul Mar Baltico, ma presto si trovò coinvolto nelle guerre contro la Polonia. Dopo le prime sconfitte per il tradimento di diversi boiardi, deciso ad assestare loro un duro colpo, inaugurò un nuovo regime di terrore, la *opricnina* avvalendosi di una milizia formata da uomini duri e spietati *(opri niki)* cui il popolo darà il nome di Truppa di Satana. Vestiti completamente di nero andavano alla caccia di tutti gli oppositori dello zar e dopo aver strappato loro con la tortura una confessione di colpevolezza, li giustiziavano. Nel frattempo la salute mentale di Ivan andava peggiorando e la sua paranoia non gli dava tregua. A questo occorre aggiungere un fanatismo religioso con un'ossessiva venerazione delle reliquie dei santi, dalle quali non si separava mai.
In un accesso di ira uccise il proprio figlio Ivan e da quel momento non ebbe più pace. Morì nel 1584 molto probabilmente avvelenato dai suoi consiglieri Fëdor Belskij e Boris Gudunov che sarebbe poi diventato zar nel 1598 dopo la morte di Fëdor, figlio di Ivan.

Gli Opričniki, nel dipinto di Nikolaj Nevrev (1830-1904); furono responsabili di numerosi massacri che caratterizzarono il periodo più fosco del regno di Ivan il Terribile. Il quadro mostra gli ultimi istanti del boiardo Fedorov arrestato con l'accusa di tradimento.

L'ASSASSINIO DEL FIGLIO

Nel novembre del 1581 Ivan, durante un suo solito attacco d'ira, picchiò violentemente la nuora che, incinta, perse il bambino a seguito delle percosse subite. Quando il figlio venne a saperlo si presentò davanti al padre e fra i due scoppiò un violento litigio durante il quale lo zar colpì il figlio sulla testa con un bastone di ferro, causandone la morte. Disperato per ciò che aveva fatto cominciò a vagare per il palazzo sbattendo la testa contro i muri e gridando come un ossesso che lui non era degno di governare visto che si era macchiato del più orrendo dei crimini. Chiamò i boiardi affinché nominassero un successore, ma questi, temendo che si trattasse di un tranello, rifiutarono di farlo e Ivan rimase sul trono ancora tre anni.

CESARE BORGIA

IL VALENTINO

Il figlio del papa Alessandro VI fin da giovane dette prova della sua determinazione e ambizione smodata, oltre che di indubbie capacità militari e amministrative. Nominato cardinale dal padre a soli sedici anni prese parte al complotto per eliminare suo fratello Giovanni, duca di Gandia, al quale successe come capitano generale della Chiesa, lasciando la porpora cardinalizia per una carriera militare più confacente al suo carattere. Si alleò con il re di Francia Luigi XII che lo nominò duca di Valentinois (1498) e, incoraggiato dal padre, tentò di riconquistare in Emilia i territori che la Chiesa aveva perduto. Per ottenere il risultato si avvalse di tutti i mezzi anche dell'assassinio: infatti nel 1502 dopo essere stato sconfitto dalla lega dei Condottieri, formata dai capitani di ventura che lo avevano aiutato a costruire il suo principato in Romagna finse di volere stringere un accordo di pace, ma quando i suoi vecchi capitani Vitellozzo Vitelli, Oliverotto da Fermo, il duca di Gravina e Paolo Orsini si presentarono al suo castello di Sinigallia per firmare il trattato li fece strangolare dal suo fido alleato Michelozzo Corella. Su questo episodio lo storico fiorentino Niccolò Machiavelli scrisse un trattato e in seguito lo citerà ad esempio nel suo celebre *Il Principe*, ispirato proprio alla figura di Cesare Borgia.

La morte di suo padre nel 1503 diede un duro colpo alle sue ambizioni, anche perché il successore sul soglio pontificio fu Giulio II (Giuliano della Rovere), un suo nemico, che lo fece arrestare immediatamente. Fuggito dal carcere si rifugiò presso il re di Navarra, suo cognato; con lui partecipò a una spedizione contro il Conte de Lerín che si era ribellato al sovrano e nello scontro morì (1507). Per il Valentino, però, non ci sarà pace neppure da morto. Il papa Giulio II ordinò al vescovo di Pamplona di riesumare i resti di Cesare e farli gettare in terra sconsacrata. Questo accanimento creerà un'aurea demoniaca attorno alla figura del Borgia, che nei secoli successivi verrà descritto da molti storici e scrittori, da Francesco Guicciardini a Friedrich Nietzsche, come il simbolo del male.

Incontro fra Cesare Borglia e Niccolò Machiavelli, un dipinto del pittore e incisore italiano Federico Faruffini (1833-1869); quest'opera vinse la medaglia d'oro all'Esposizione universale di Parigi del 1867.

Cesare Borgia abbandona il Vaticano, un dipinto del 1877 del pittore italiano Giuseppe Lorenzo Gattieri, quadro che viene ritenuto il suo capolavoro.

IL PRINCIPE

Nel 1513 lo storico fiorentino Niccolò Machiavelli scrisse un'opera che gli diede l'immortalità: De Principatibus meglio conosciuto come "Il Principe" in cui tratteggia la figura di un principe ideale, le cui azioni avrebbero dovuto avere come fine la conquista e il mantenimento di un principato.
Scevro da ogni principio morale, ma basato esclusivamente su un pragmatismo razionale, questo trattato suscitò molto scalpore in tutta Europa: messo nell'Indice dei libri proibiti dalla Chiesa cattolica, fece nascere la figura del "machiavellico", lo spregiudicato persecutore di un fine senza curarsi dei mezzi usati.

I BORGIA

DA VALENCIA A ROMA

La nobile famiglia valenciana dei Borja, italianizzata in Borgia, ebbe un periodo di grande splendore a seguito dell'elezione a papa di Alfonso, che prese il nome di Callisto III (1455-1458). Una volta giunto sul soglio di Pietro il papa si preoccupò soprattutto di favorire i propri familiari inaugurando una nuova stagione di nepotismo che non ebbe eguali. Chi ne beneficiò maggiormente fu il nipote Rodrigo che venne nominato cardinale nel 1456 a soli 25 anni e nel 1492 eletto papa con il nome di Alessandro VI. Uomo ambizioso e dalla vita non certo monastica ebbe tre figli da madre ignota, quattro da Vannozza Cattanei (fra i quali Lucrezia Borgia e Cesare, detto il "Valentino"), e una figlia da Giulia Farnese. In materia ecclesiastica fu difensore dell'ortodossia e degli ordini religiosi. Trovò sulla sua strada Gerolamo Savonarola che lo accusò nei suoi infuocati sermoni di simonia.

Dopo un periodo di tolleranza lo scomnunicò e a seguito di una condanna per eresia ne firmò la condanna a morte. Promosse la cultura, proteggendo, fra gli altri, Pinturicchio e Sangallo. Ma il suo principale impegno fu la politica: dapprima ostile alla calata in Italia del re di Francia Carlo VIII, si alleò poi con il suo successore Luigi XII, nel tentativo di creare per il figlio Cesare uno Stato nell'Italia centrale, progetto interrotto dalla sua improvvisa morte (1503).

A Glass of wine with Caesar Borgia, un dipinto del pittore inglese John Collier, membro della Confraternita dei Preraffaelliti.

IL FEUDO DEI BORGIA

Xàtiva, nella provincia di Valencia in Spagna, è la città natale e feudo dei Borgia dove, a partire dal XIV secolo, la famiglia conquistò un crescente potere e prestigio; fu la patria dei due papi Callisto III, Alfons de Borja (1378-1458) e Alessandro VI, Roderic de Borja, (1431-1503). Sulla città domina imponente il castello, che già dall'antichità era un'importante nucleo di comunicazioni strategicamente situato lungo l'antica via Augusta che da Roma giungeva a Cartagena e poi fino a Cadice attraversando i Pirenei. Xàtiva, fu a lungo occupata dai musulmani e conquistata nel 1244 da Giacomo I d'Aragona.

LA BELLA LUCREZIA

Ancora oggi è vittima di una ingiustificata fama di donna crudele e corrotta, ma in realtà fu soprattutto un docile strumento per le trama politiche del padre e del fratello. Il suo matrimonio con Giovanni Sforza fu annullato da Alessandro VI che voleva darla in sposa ad Alfonso di Aragona, figlio del re di Napoli. Il secondo marito fu assassinato nel 1500 su istigazione del fratello Cesare e quindi si sposò per la terza volta con Alfonso d'Este che nel 1505 divenne duca di Ferrara. Sottratta finalmente all'influenza della famiglia, Lucrezia si guadagnò la stima e l'ammirazione di tutti per la sua bellezza, la sua gentilezza e la sua bontà.

Profilo della dea Flora in un dipinto del pittore italiano Bartolomeo Veneto, che per molti studiosi è quello di Lucrezia Borgia.

Un angelo che regge lo scudo con lo stemma dei cardinale Alfonso Borja, poi papa Callisto III.

MARIA LA SANGUINARIA

UNA DONNA INFELICE

Maria I Tudor fu la figlia ed erede di Enrico VIII, colui che aveva operato lo strappo con la Chiesa di Roma e instaurato la religione anglicana. Il suo regno durato appena cinque anni (dal 1553 al 1558) fu caratterizzato dal tentativo di ripristinare la fede cattolica in Inghilterra e per questo motivo fu soprannominata Maria la Cattolica dai suoi seguaci, mentre per i suoi oppositori fu *Bloody Mary*, Maria la Sanguinaria. In effetti centinaia e centinaia di protestanti impiccati alle porte di Londra o arsi vivi, possono ben giustificare questo appellativo, ma del resto in quei tempi le dispute teologiche avevano tutte la stessa fine: la morte per i perdenti. Maria aveva ricevuto una rigida educazione cattolica dalla madre Caterina d'Aragona, la prima moglie di Enrico VIII, poi ripudiata per sposare Anna Bolena. Divenuta regina dopo aver eliminato la rivale Jane Grey, volle restaurare la religione cattolica. Ovviamente la componente protestante della popolazione inglese non fu d'accordo, soprattutto quando Maria annunciò il suo matrimonio con il principe Filippo, figlio del cattolicissimo re di Spagna. Ogni opposizione fu sedata con il sangue e con estrema ferocia, ma il il suo regno finì senza eredi e il trono passò alla sorellastra Elisabetta che ripristinò la religione voluta dal padre Enrico VIII.

La regina Maria I con la principessa Elisabetta entrano a Londra nel 1553 in un dipinto del pittore inglese John Byam Liston Shaw (1872-1919).

Protestanti inglesi condannati al rogo per essersi rifiutati di abiurare la fede cattolica durante il regno di Maria I.

Allegoria della dinastia Tudor, attribuito al ritrattista fiammingo Lucas de Heere e dipinta nel 1572: da sinistra a destra, Filippo II di Spagna, Maria I, Enrico VIII, Edoardo VI ed Elisabetta I.

TUDOR

LA CHIESA ANGLICANA

Fu fondata come Chiesa ufficiale d'Inghilterra da Enrico VIII nel 1534, tre anni dopo la sua definitiva rottura con il papato. Con l'Atto di Supremazia il re abrogò i privilegi temporali della Chiesa e si autoproclamò capo della Chiesa inglese, mantenendo però il dogma e la gerarchia cattolica. La dottrina ufficiale fu racchiusa nei 39 articoli redatti dal vescovo Parker (1563), approvati dal Parlamento e convalidati dalla regina Elisabetta (1571). Detta anche Chiesa episcopale, la Chiesa anglicana ritiene che solo due dei sette sacramenti siano stati istituiti da Cristo: il Battesimo e l'Eucarestia. Nega il primato di Pietro e quindi rifiuta obbedienza al pontefice. Nega inoltre l'obbligo del celibato ec

FRANCISCO PIZARRO

UN AMBIZIOSO SENZA SCRUPOLI

Giunto in America nei primi anni del 1500 partecipò a diverse spedizioni grazie alle quali riuscì a procurarsi alcune *encomiendas* che gli apportarono un piccolo capitale, sufficiente a vivere agiatamente ma non adeguato alle sue ambizioni. Fu così che spinto dal desiderio di conquistare le città dell'oro, di cui si favoleggiava, nel gennaio del 1531 partì da Panamá con tre navi e 180 uomini. Dopo essersi impadronito di immense ricchezze nella città di Coaqui, giunse a Tumbes, dove ebbe conferma della situazione caotica dell'Impero inca, diviso tra i partigiani di Huáscar e quelli di Atahualpa, e seppe della presenza di quest'ultimo nella vicina città di Cajamarca. Raggiunse rapidamente la città, e organizzò un incontro con il re Inca, che giunse accompagnato da 40000 guerrieri. Gli spagnoli, benché fossero in netta minoranza, facendo uso delle armi da fuoco e attaccando di sorpresa fecero una strage e Pizarro stesso catturò Atahualpa; oltre 5000 inca restarono sul campo sconfitti soltanto da 160 spagnoli. A quel punto gli spagnoli chiesero un riscatto in oro e argento e sebbene gli Incas ne consegnassero tanto da riempire una stanza, non bastò e dopo un mese di prigionia Atahualpa fu giustiziato.

Dopo aver compiuto una strage di guerrieri inca Pizarro occupò Cuzco, si impadronì in nome del re di Spagna delle enormi ricchezze rinvenute, distrusse le divinità locali, impose il culto cattolico e fondò Lima. In seguito entrò in contrasto con il suo compagno di spedizione Almagro sulla divisione del potere: ne derivò una guerra civile durante la quale Almagro fu sconfitto nella battaglia a Las Salinas dai seguaci di Pizarro e condannato a morte (1538). Divenne così il padrone incontrastato di un immenso paese della cui amministrazione doveva rendere conto solo al re di Spagna. Il suo governo creò però del malcontento e di questo ne approfittò un gruppo di spagnoli insoddisfatti guidati dal figlio di Almagro che il 26 giugno 1541, penetrarono nel palazzo del governatore e lo trucidarono, affondando ripetutamente le spade nel suo corpo.

Statua equestre di Francisco Pizarro a Trujillo, città Spagnola dell'Estremadura che diede i natali a ben tre esploratori e conquistatori delle Americhe: Pizarro, Francisco de Orellana, che diede il nome al Rio delle Amazzoni e Hernando de Alarcón, che risalì il fiume Colorado.

Pizarro trascina Athaualpa giù dalla sua lettiga durante la battaglia di Cajamarga.

Athaualpa in ginocchio davanti a Francisco Pizarro chiede pietà.

ATAHUALPA

Figlio prediletto di Huayna Capac, si vide assegnare dal padre il regno di Quito, ma l'altro figlio Huascar contestò questo fatto e tra i due nacque una guerra civile della quale ne approfittarono gli Spagnoli guidati da Francisco Pizarro che invasero il paese. Il giovane re fu preso prigioniero dai conquistadores e nonostante avesse pagato un immenso riscatto fu condannato a morte. Pizarro ne ordinò la morte sul rogo, ma all'ultimo momento Atahulapa si convertì e allora gli furono risparmiate le fiamme e morì strangolato

STRAGI DI NATIVI NELLE AMERICHE

PULIZIA ETNICA

L'incontro tra europei e amerindi fu devastante per gli indigeni americani, in pochi anni quasi quindici milioni di loro morirono e molte popolazioni che popolavano l'emisfero occidentale scomparvero: gli Arratoc della Virgina, gli Apakachee delle Florida, gli Yazoo del Missisipi, i Beothuk della Terranova, gli Auracani in Argentina, gli Yahi della California, solo per citarne alcuni di cui si sono perse definitivamente non solo le tracce, ma persino la memoria storica. Il metodo di sterminio fu sempre lo stesso: dapprima i contatti furono pacifici e ispirati alla reciproca curiosità, poi l'avidità dell'uomo bianco, venuto in America per impadronirsi delle ricchezze di quelle terre, lo spingeva a depredare e a sfruttare gli indios per farne schiavi. Oltre a ciò un peso determinante alla scomparsa di milioni di individui lo ebbero le malattie importate dall'Europa di cui gli indigeni non possedevano gli anticorpi, per cui bastava un semplice raffreddore per causarne la morte.

A questa intrusione violenta gli indigeni rispondevano come potevano, con armi decisamente inferiori, ma tutte le volte che si ribellavano alla loro sorte, la risposta dei bianchi era sempre più violenta, fino a che per la buona pace dei coloni la soluzione trovata fu l'annientamento. "L'unico indiano buono è l'indiano morto" divenne il cinico slogan con cui la pulizia etnica ebbe luogo. I nativi del Nord America resistettero fino alla fine del XIX secolo quando avvenne l'ultima strage a Wounded Knee dove un gruppo di Sioux Lakota furono massacrati da soldati americani.

A nulla era valsa la vittoria riportata da Sioux, Cheyenne e Arapaho guidati da Cavallo Pazzo contro il generale Custer 14 anni prima a Little Big Horn.

Il colonnello George Armstrong Custer, morto a Little Big Horn il 25 giugno 1876 sconfitto dai Sioux guidati da Cavallo Pazzo.

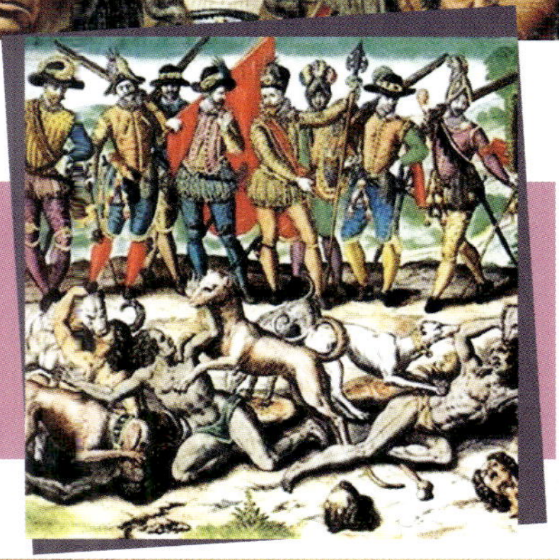

Indios sbranati dai cani sotto lo sguardo indifferente di soldati spagnoli in una illustrazione di Johann Theodor De Bry, incisore e editore tedesco (1561-1623).

Seppellimento di cadaveri di pellirossa dopo il massacro di Wounded Knee da parte dell'esercito americano il 29 dicembre 1890.

ERSZÉBET BATHORY

L'EREDE DI DRACULA

Nata nel 1560 nella famiglia Báthory-Ecsed, una casata ungherese di religione protestante i cui membri erano affetti da disturbi mentali a causa delle loro inclinazioni incestuose, fu data in sposa all'età di quindici anni al crudele conte Ferenc Nádasdy, di sette anni più anziano e con lui andò a vivere nel castello di Sárvár. Erzsébet aveva dato segni di squilibri già da piccola, ed era facile a passare improvvisamente dalla calma all'ira in un baleno. Dopo numerosi segni di crudeltà e tendenze al sadismo, che del resto erano comuni anche al marito, e forse un avvicinamento a pratiche di magia nera, secondo gli studiosi i delitti iniziarono già nel 1585, ma si moltiplicarono dopo la morte del marito. Rimasta vedova, si trasferì con la corte nel castello di achtice, dove continuò a uccidere, secondo i nomi trovati nei suoi appunti, 650 fanciulle. In realtà le giovani, uccise e spesso torturate dalla contessa e da quattro dei suoi servi, furono tra le 100 e le 300, tante tuttavia da permetterle di ritenersi la donna responsabile del maggiore numero di delitti della storia.

UN BAGNO NEL SANGUE

La nobildonna avrebbe anche avuto l'abitudine di bagnarsi nel sangue delle sue vittime, quasi soltanto vergini, allo scopo di mantenere giovinezza e avvenenza. Le vittime venivano spogliate, incatenate a testa in giù e sgozzate per raccoglierne il sangue che sgorgava caldo. Spinto dalle voci circolanti il re Mattia II d'Austria e Ungheria inviò alcuni ufficiali al castello, dove trovarono teste mozzate, corpi mutilati e ragazze segregate in attesa di essere uccise. La contessa fu processata e contannata a essere murata in una torre di achtice, dove veniva cibata attraverso una feritoia. Si lasciò morire di fame tre anni dopo nel 1614.

Strumenti di tortura che si vuole siano stati usato dalla contessa sanguinaria

Copia di un ritratto del 1585 andato perduto della contessa Erzsébet Bathory, probabilmente dipinto verso la fine del XVII secolo. All'epoca del dipinto originale la nobile ungherese aveva 25 anni.

Erzsébet Bathory in uno schizzo del pittore ungherese Csok Istvan elaborato per un suo dipinto del 1898 andato perduto durante la Seconda guerra mondiale.

IL LUOGO DEI MISFATTI

La tenuta di Čachtice, che contava, oltre a un maniero e a un castello, anche gli abitati circostanti, era stata una donazione di nozze del marito, il conte Ferenc Nádasdy, alla moglie Elisabetta Báthory, e apparteneva in principio al patrimonio della madre di lui, Orsolya Kanizsai. La residenza della nobile famiglia Nádasdy era, invce, Sárvár, ll cosiddetto "castello di fango", una fortezza nota agli intellettuali dell'epoca perché da qui si diffondevano nel Regno austroungarico le nuove idee protestanti. Čachtice è uno dei primi castelli difensivi che proteggevano il confine occidentale del Paese, già nel XIII secolo. Tra i secoli XV e XVII il castello venne restaurato e ampliato più volte.

GIULIA TOFANA

La maga, un dipinto del pittore preraffellita inglese John William Waterhouse (1849-1917), ispirato forse al personaggio di Giulia Tofana.

IL VELENO PERFETTO

Orfana e poverissima Giulia Tofana, nata nella prima metà del Seicento, aveva una sola ricchezza, la sua prorompente bellezza che ovviamente mise a frutto prostituendosi nei bassifondi di Palermo. Qui conobbe uno speziale che le diede le prime nozioni di chimica e grazie anche alla sua intelligenza, attraverso diversi esperimenti riuscì a trovare la formula del veleno perfetto: un misto di arsenico e antimonio che non lasciava tracce se somministrato a piccole dosi in un lungo periodo. Dopo averlo sperimentato con successo Giulia vendette la sua pozione a chiunque la cercasse ricavando così una somma che le permise di abbandonare i bassifoni di Palermo e di raggiungere una agiatezza che solo pochi anni prima era insperata.

A ROMA

Dopo aver conosciuto un frate, che divenne suo amante, si trasferì a Roma dove prese alloggio in un bell'appartamento alla Lungara, nel rione Trastevere. Qui viveva come una giovane dama d'alto rango dimenticandosi completamente del suo passato, ma un giorno una sua amica lamentandosi delle angherie subite dal marito, le fece tornare alla mente la sua vecchia formula chimica. Fattasi portare gli ingredienti dal suo amante frate, ricompose il veleno e lo consegnò all'amica che ne fece il "giusto" uso. Ricominciò così a vendere le sue pozioni, esclusivamente a donne, e le clienti certo non mancavano! Un giorno però la morte improvvisa di un uomo scatenò le indagini della polizia romana che arrestò Giulia e seicento sue clienti. Nel processo le mogli assassine furono condannate a morte e Giulia, dopo aver confessato sotto tortura i suoi misfatti, fu giustiziata in Campo dei Fiori nel 1659 insieme a sua figlia Girolama, che aveva seguito le sue orme.

Gli ingredienti dell'acqua tofana sono noti ma non se ne conoscono le dosi; era una pozione incolore, insapore e inodore che conteneva arsenico, piombo e forse anche belladonna. Secondo un medico di Carlo VI d'Austria consisteva in una soluzione di anidride arseniosa in acqua distillata aromatica con alcoolato di cantaridi.

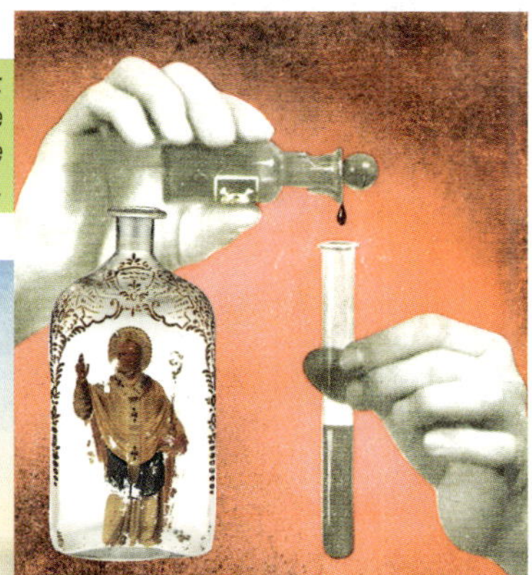

Campo Vaccino a Roma nel secolo XVII in un dipinto del pittore olandese Johannes Lingelbach (1622-1674), era così chiamata allora l'area suburbana degli antichi Fori Imperiali, il luogo dove Giulia Tofana trovava la sua "clientela" femminile.

L'ARSENICO

L'arsenico è uno degli elementi più diffusi in natura. Si può ritrovare nel suolo, nell'acqua, nell'aria ed in quasi tutti i tessuti animali e vegetali. L'intossicazione acuta di arsenico dà una sintomatologia inizialmente digestiva (dolori addominali, vomito, diarrea) seguita da gravi disordini epatici e renali, collasso cardiocircolatorio e coma; in assenza di trattamento medico la morte può sopraggiungere in 12-48 ore. Ben diverse sono le caratteristiche di un avvelenamento lento, come nel caso dell'"acqua tofana", un liquido trasparente inodore e insapore che procurava una morte priva di sintomi, facendo sì che l'assassinio non venisse scoperto.

ROBESPIERRE & SAINT-JUST

IL TERRORE

In seguito alle gravi sconfitte militari e al tradimento del generale Dumouriez (febbraio 1793), i Montagnardi, l'ala più radicale della Convenzione ebbero la meglio con l'appoggio dei "sanculotti", gli strati più popolari della popolazione parigina. Il 5 settembre di quello stesso anno si decise di "mettere il Terrore all'ordine del giorno" fino all'eliminazione di tutti i nemici interni ed esterni della rivoluzione. Maximilien de Robespierre e Louis Antoine de Saint-Just furono i principali artefici di questa politica, che da una parte approvò importanti misure come l'istruzione elementare obbligatoria e gratuita, l'abolizione della schiavitù nelle colonie, il limite massimo dei prezzi dei generi di prima necessità, ma dall'altra favorì l'uccisione di numerosi patrioti sulla base di semplici delazioni. Il punto più basso di questa politica fu infatti l'approvazione della *Legge dei sospetti,* che abilitava il tribunale rivoluzionario a condannare a morte su semplice base indiziaria. Caddero così sotto la ghigliottina le teste di Danton, Hébert, Desmoulins e tantissimi altri che avevano condiviso fino a pochi giorni prima gli stessi ideali di Robespierre e Saint-Just.

Ritratti dei due capi del "Terrore": in alto, Maximilien de Robespierre, detto l'incorruttibile, e sotto, Louis Antoine de Saint-Just, definito l'Arcangelo del terrore.

La turbolenta seduta alla Convenzione del 9 Termidoro che portò all'arresto di Robespierre, rappresentata in un dipinto del pittore francese Raymond Quinsac Monvoisin (1790-1870).

Robespierre à l'Hôtel de ville de Paris nella notte fra il 9 e il 10 Termidoro dell'anno secondo della Rivoluzione (27 o 28 luglio 1794) esitante a firmare un appello alla rivoluzione da recapitare alla sanculotta Sezione delle Picche, sollecitato da Saint-Just e dagli altri membri del Comitato.La scena è un particolare di un dipinto del pittore francese Jean-Joseph Weerts (1846-1927).

JEAN-JOSEPH WEERTS

Quando il Comitato di salute pubblica, vero organo direttivo della Repubblica, volle estendere la *Legge dei sospetti* ai parlamentari accusati di corruzione, i deputati, timorosi della propria sorte, si fecero coraggio, si coalizzarono contro i due e li fecero arrestare.

Dopo un sommario processo il 28 luglio 1794 furono condotti alla ghigliottina. Robespierre e Saint-Just, spinti dall'idea di realizzare una società perfetta, dominata esclusivamente dalla ragione, passarono sopra a qualsiasi altro sentimento, dimenticando la pietà o l'amicizia pur di completare la loro opera. Le loro intenzioni erano certamente buone, ma il prezzo che fecero pagare ai parigini fu certamente troppo alto, tanto che sono passati alla storia come feroci e spietati assassini.

IL 9 TERMIDORO

Il 24 luglio 1794 (9 termidoro anno II secondo il calendario della rivoluzione) la componente moderata del comitato di salute pubblica si ribellò contro Maximilien de Robespierre e i suoi più stretti collaboratori e con un colpo di mano li fece arrestare e dopo un processo sommario li condannò alla pena capitale.

Con questo atto ebbe fine il "terrore" che aveva portato alla ghigliottina migliaia di persone; iniziò un periodo dominato dalla borghesia più ricca e moderata.

REPRESSIONI CRUDELI DI RIVOLTE

UN'UNICA RISPOSTA

Ribellarsi contro il potere costituito è sempre stato molto pericoloso, ma il più delle volte la ribellione era l'unica risposta all'arroganza dei potenti, che dietro il nome di Dio, della Patria o di quant'altro nascondevano soltanto la loro voglia di sopraffazione.
La storia è ricchissima di questi episodi e nella stragrande maggioranza dei casi queste rivolte sono finite in un lago di sangue, dove ad affogare sono stati i rivoltosi stessi. Per secoli i re, gli imperatori o i dittatori hanno avuto una sola risposta alle richieste popolari e questa risposta è stata affidata sempre alle armi dei soldati a loro servizio.

Esecuzione di cepoys ammutinati dopo la rivolta del 1857 contro il potere coloniale britannico in India.

MILIONI DI VITTIME

Fare l'elenco delle vittime di queste rivolte è impossibile perché mai nessuno ne ha tenuto il conto, ma certamente sono state milioni e quel che è più grave che nella repressione non si è badato all'età e al sesso di coloro che si andava ad uccidere.

Interi villaggi sono stati rasi al suolo e uccisi i loro abitanti nel modo più brutale perché più forte era la repressione maggiore era la possibilità che non ci sarebbe stata un'altra ribellione. Fu così che vennero spazzati via i contadini tedeschi nel XVI secolo, i cattolici della Vandea durante il periodo della Rivoluzione francese, gli schiavi di Haiti nel XVIII secolo, i contadini cinesi nelle loro innumerevoli rivolte contro lo strapotere degli imperatori, i nativi americani vittime della "civilizzazione" imposta dai bianchi.

Truppe vandeane in ritirata incalzate da quelle della Repubblica in un dipinto del 1882 del pittore francese Jules Girardet (1856-1938).

LA RIVOLTA DEI CONTADINI

Nel maggio del 1358 i contadini francesi esasperati per i costi delle continue guerre che pesavano sulle loro spalle e indeboliti dall'epidemia di peste che aveva colpito il paese dieci anni prima, si ribellarono contro gli aristocratici assaltando tenute e castelli.

Dopo un primo momento di sbandamanto i nobili, forti dei loro soldati, ripresero il sopravvento e sterminarono con inaudita ferocia coloro che si erano ribellati.

Esecuzione di membri dell'Associazione dei Boxer dopo la fallita ribellione del 1900.

CHING SHIH

LA VEDOVA DI CHING

Cheng Yi era il capo indiscusso di questo vasto impero della criminalità che lui stesso aveva organizzato in una confederazione di 400 giunche e settantamila uomini, suddivisi in sei flotte, ognuna con una zona precisa da presidiare. Un giorno questo temutissimo pirata capitò nel porto di Canton e per caso incontrò Shih Yang, una giovane prostituta di cui si innamorò perdutamente. Subito chiese alla giovane di sposarlo e così cominciò la storia della donna più potente che abbia mai solcato i mari della Cina. Pochi anni dopo, nel 1807, durante una tempesta Cheng Yi cadde in mare e scomparve, lasciando un vuoto di potere che subito venne colmato dalla sua vedova, che si presentò armata di tutto punto alla riunione dei capitani sfidando chiunque a metterlesi contro e iniziò a chiamarsi Ching Shih, "vedova di Cheng Yi".

Manifesto in portoghese che segnalava Ching Shig come ricercata dalle autorità di Macao e di Canton.

IL NUOVO CODICE

Preso il potere stabilì nuove regole, severissime, soprattutto sulla gestione dei beni presi come bottino a cui i pirati dovettero sottomettersi pena la morte o la fustigazione.

Particolarmente ferree erano le norme che vietavano i rapporti sessuali sulle giunche. Ogni stupro veniva punito con la morte e se il rapporto era consenziente l'uomo veniva decapitato e la donna gettata in mare. Sotto il suo comando la poderosa flotta, che inalberava sempre una bandiera rossa, spadroneggiò lungo la costa da Macao a Canton fino a che il governo imperiale cinese nel 1810 offrì l'amnistia a tutti i pirati, in cambio della cessazione di ogni tipo di attività delittuosa. Ching Shih, che era stata abbandonata dal suo secondo ufficiale, Cheung Po Tsai, che era stato suo amante ed era passato agli ordini dell'imperatore, accettò la proposta, e con la sua parte di bottino aprì una casa per il gioco d'azzardo.

Pirati cinesi attaccano una nave commerciale in una illustrazione del XIX secolo. La giunca era il tipo di imbarcazione più utilizzata dalla pirateria cinese.

Ching Shih in azione sulla tolda di una nave dopo un abbordaggio. A soli 32 anni la piratessa era riuscita a imporsi nel comando di quasi 60000 pirati con una flotta di diverse centinaia di navi. Per eliminare la flotta di Ching Shih le autorità Cinesi chiesero inutilmente l'aiuto della Marina portoghese.

I PIRATI DEI MARI DELLA CINA

I mari e gli stretti della Cina e del Sud-Est asiatico erano un vero paradiso per i pirati, navi di piccole dimensioni potevano nascondersi facilmente nelle paludi di mangrovie, lungo le coste. Le prime azioni di pirateria di cui si abbia memoria risalgono al XIII secolo, quando bande provenienti dalle isole giapponesi, spinte dalla fame e dalle carestie, lanciarono attacchi sulle coste coreane e solo l'intervento della flotta coreana riuscì a rispabilire l'ordine in quell'aria. Due secoli dopo si ripresentò il problema, ma questa volta sulle coste della Cina meridionale e in questo caso fu il governo dei Ming ad intervenire. L'ultima fase della lotta alla pirateria fu quella che nel XIX secolo vide protagonista nuovamante la flotta cinese, coadiuvata anche da quella britannica che aveva notevoli interessi in quella zona.

I PIRATI DEI MARI DELLA CINA

PERSONAGGI CRUDELI NELL'OTTOCENTO

Il progresso legato alla rivoluzione industriale e alla presa di coscienza dei diritti fondamentali non ha cancellato la violenza; forse non assistiamo più agli eccessi dei secoli precedenti, ma ancora esistono sacche di arretratezza e soprattutto la piaga della schiavitù non è del tutto cancellata. Nelle nuove società urbanizzate nasce una nuova figura: l'assassino seriale, il serial killer.

SHAKA ZULU

DA REIETTO A RE

Quando il capo degli Zulu, Senzangakona, seppe di aver messo incinta una ragazza di nome Nandi, affermò che non era stato lui il responsabile della gravidanza ma un parassita e quando naque il bambino gli venne imposto il nome Skaka, parassita appunto. Date queste premesse e soprattutto gli infelici anni dell'infanzia, durante i quali era preda degli scherzi dei coetanei, non si poteva pretendere che il giovane crescesse sereno e felice, anzi covava in sé una rabbia che soltanto durante le esercitazioni militari poteva sfogare. Proprio per questo si mise in luce agli occhi dei generali zulu, soprattutto dopo che riuscì ad affrontare e ad uccidere un leopardo; così quando Senzangakona morì, Shaka venne scelto per guidare il popolo Zulu, sebbene fosse un figlio illegittimo (1816). Il suo primo atto da sovrano fu quello di vendicarsi di coloro che lo avevano deriso: si recò nel villaggio in cui era stato esiliato da piccolo con la madre e uccise tutti coloro che l'avevano offeso impalandoli alle palizzate del *kraal*.

LA GUERRA INNANZITUTTO

Se prima per le tribù Zulu la guerra era un momento quasi rituale, con poche vittime, con Shaka le cose cambiarono: addestrò i suoi soldati ad essere inflessibili e spietati, li armò con una nuova lancia *(ixlwa)* molto più potente e soprattutto gli infuse quella violenza che lui covava dentro da quando era bambino. Durante il suo regno che durò 12 anni, causò migliaia di vittime fino a che i suoi fratellastri non lo uccisero, mentre riposava dentro il suo *kraal*.

Una illustrazione del XIX secolo con Shaka Zulu: la sua figura è stata spesso presa come simbolo dai movimenti nazionalisti e indipendentisti africani.

GLI ZULU

Questo popolo stanziato nell'Africa meridionale (oggi nelle province del Natal e dello Zululand della Repubblica Sudafricana) era organizzato in una forma di monarchia militare, in cui il re, proprietario delle terre della tribù, che distribuiva ai sudditi, era anche sacerdote, medico, giudice e capo militare. Il re concedeva ai sudditi il diritto di sposarsi in base alle imprese militari da essi compiute e il numero di mogli era illimitato, dipendeva soltanto dalla ricchezza dell'individuo. La ricchezza consisteva e consiste tuttora nel numero dei capi di bestiame (bovini e ovini) in possesso. Durante il regime dell'apartheid, gli Zulu erano discriminati mentre ora sono il gruppo etnico più numeroso e potente del Sudafrica.

I guerrieri zulu andavano in battaglia armati di una lancia corta con una lunga punta e un grande e pesante scudo di cuoio il cui lato sinistro serviva per agganciare il nemico, per poterlo poi pugnalare con la destra alle costole.

Guerrieri zulu in una scena di un film storico; erano addestrati a lottare a piedi nudi, e a correre per 50 miglia su terreni caldi e rocciosi in meno di 24 ore.

DELPHINE LALAURIE

L'INCENDIO RIVELATORE

La signora Lalaurie era una delle donne più influenti della città di New Orlenas e abitava in un bellissimo palazzo di tre piani con delicati ornamenti in ferro battuto, giganteschi lampadari, tappeti pregiati e mobili di valore. Ma dietro questo sfarzo si nascondeva una terribile realtà che venne alla luce solo la sera in cui scoppiò un incendio e i vicini accorsero per domare le fiamme, ma la padrona di casa li respinse. Solo i pompieri poterono entrare e quando furono in cucina si trovarono di fronte ad una povera schiava incatenata alla stufa che successivamente confessò di aver appiccato il fuoco lei stessa per evitare di essere portata in soffitta.

LA SOFFITTA DEGLI ORRORI

Subito i vigili del fuoco si precipitarono in quella stanza e davanti ai loro occhi apparve una scena agghiacciante: decine di schiavi, uomini e donne, erano in una condizione terribile: i loro corpi torturati nei modi più disumani, forse per esperimenti chirurgici o più semplicemente per puro sadismo. Sta di fatto che i poveri pompieri fuggirono inorriditi davanti a un simile spettacolo e chiamarono i medici del vicino ospedale. Purtroppo per le vittime non ci fu nulla da fare e anche quelli che erano sopravvissuti alle torture morirono di lì a poco. La voce si sparse subito in città e una folla inferocita assaltò la casa alla ricerca della padrona di casa che nel frattempo era riuscita a fuggire. Non potendo mettere le mani sui responsabili di simili atrocità la gente iniziò una distruzione sistematica della casa e nel giro di poche ore di essa non rimase che qualche mattone fumante. Madame Lalaurie, come c'era da aspettarsi, svanì nel nulla, forse aiutata da qualche suo amico potente. Probabilmente si rifugiò prima a New York e poi andò a Parigi dove morì, ma qualcuno crede che la sua tomba sia a New Orleans.

LE SEVIZIE

Jeanne deLavigne, nel suo libro "Ghost Stories of Old New Orleans" (1946) scrive che, nel 1834, a seguito dell'incendio vennero trovati: "Schiavi maschi, nudi e incatenati alle pareti, con gli occhi cavati, le unghie strappate via alla radice; altri avevano le articolazioni spellate e infette, grossi buchi nelle natiche dove la carne era stata tagliata via, le orecchie ridotte a brandelli, le labbra cucite insieme… gli intestini erano stati estratti e avvolti attorno ai loro fianchi. Avevano buchi nei crani dove un bastoncino era stato inserito per mescolarne il cervello".

Sul luogo ora sorge un Museo delle cere dove appare in parte la scena che si era presentata agli occhi dei primi soccorritori il 10 aprile 1834.

Ricostruzione di alcune torture inflitte agli schiavi al Conti Historical Wax Museum di New Orleans.

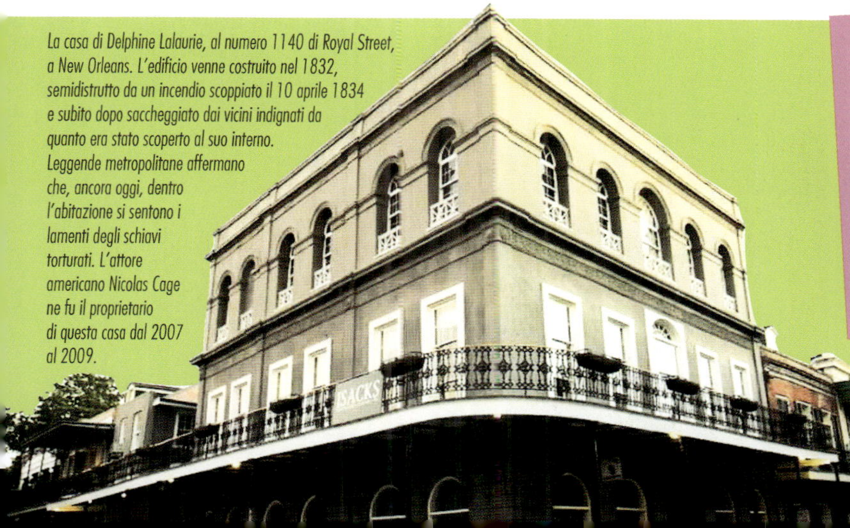

La casa di Delphine Lalaurie, al numero 1140 di Royal Street, a New Orleans. L'edificio venne costruito nel 1832, semidistrutto da un incendio scoppiato il 10 aprile 1834 e subito dopo saccheggiato dai vicini indignati da quanto era stato scoperto al suo interno. Leggende metropolitane affermano che, ancora oggi, dentro l'abitazione si sentono i lamenti degli schiavi torturati. L'attore americano Nicolas Cage ne fu il proprietario di questa casa dal 2007 al 2009.

NEGRIERI E TRATTA DEGLI SCHIAVI

UN DESTINO CRUDELE

Dopo la scoperta dell'America i colonizzatori europei cercarono di sfruttare per i lavori nei campi la popolazione locale, ma presto dovettero desistere perché gli indigeni si rivelarono troppo deboli per questo tipo di lavoro per cui si rese necessario reperire altrove una manodopera a basso costo.

Fu così che uomini senza scrupoli fecero irruzione nei villaggi africani vicino alla costa occidentale e prelevarono uomini e donne, giovani e forti da poter vendere sul mercato in America.

A partire dal XVI fino alla fine del XIX secolo, milioni di persone sono state rapite e trasportate con le navi in America dove venivano acquistate dai grandi proprietari terrieri e lì costretti alla schiavitù per il resto della loro vita. I negrieri, così vennero chiamati coloro che si dedicavano a questo traffico, non avevano alcuno scrupolo e l'unica loro preoccupazione era quella di arrivare più in fretta possibile a destinazione con un numero di schiavi tale da assicurare loro il massimo guadagno.

La tratta degli schiavi, un dipinto del 1833 del pittore francese François-Auguste Biard.

LOTTA ALLA SCHIAVITÙ

Dalla seconda metà del 700 iniziò un dibattito sulla liceità di questo traffico e aumentava sempre più il numero di persone che lo consideravano un abominio, pertanto alcuni governi cominciarono a mettere delle restrizioni fino a che nel 1833 il Regno Unito dichiarò l'abolizione dello schiavismo e impiegò una parte della flotta a intercettare le navi negriere in rotta dall'Africa all'America.
Il commercio però non s'interruppe perché troppo grandi erano i guadagni anche di fronte al rischio di essere sorpresi.
Molte navi intercettate preferirono gettare a mare il proprio carico umano, sperando così di salvarsi dall'accusa di tratta degli schiavi. Solo nella seconda metà dell'800, dopo che l'abolizione della schiavitù fu dichiarata negli Stati Uniti (1865) e in Brasile (1888), venendo a mancare un mercato ufficiale, il commercio si fermò.

LE NAVI NEGRIERE

"Owba coocoo", la nave che si porta via la gente, così veniva chiamata dai poveri africani la nave negriera; doveva avere soprattutto un'ampia stiva dove i prigionieri venivano incatenati due a due e restavano sdraiati per quasi l'intera durata del viaggio. Nudi e senza possibilità di muoversi erano costretti a vivere nel sudiciume; molti di loro si ammalavano e quindi la mortalità era altissima: ma i negrieri riuscivano ugualmente a ottenere lauti guadagni con la vendita dei sopravvissuti. Prima di giungere a destinazione le navi facevano una sosta per poter permettere agli schiavi sopravvissuti al lungo viaggio di recuperare un po' di forze e presentarli nel miglior modo possibile sul mercato per ottenere una più alta valutazione.

Un gruppo di africani, incluso donne e bambini, catturati e condotti verso la costa per essere imbarcati in una nave negriera, in una stampa ottocentesca.

RANAVALONA

LA REGINA SANGUINARIA

La giovane principessa del regno di Menabe andò sposa al re Radama nel 1828 e questo matrimonio sancì l'unione del Madagascar sotto un unico sovrano. Dopo pochi anni di matrimonio il re Radama morì, forse avvelenato dalla stessa moglie e Ranavalona s'impossessò del trono, scalzando l'erede legittimo, il nipote Rakotobe, accusandolo di essere un impostore. Già nei suoi primi anni di regno manifestò intolleranza verso gli stranieri bianchi, gli unici tollerati erano i missionari i quali conoscevano il sistema per fabbricare il sapone che per lei, ossessionata dalla pulizia, era un bene essenziale. Quando però venne a conoscere il modo per confezionare questo bene, anche i missionari le divennero intollerabili soprattutto per ciò che predicavano.
Un giorno del 1836 dal terrazzo del suo palazzo arringò la folla con queste parole "Sono venuta a sapere che la Bibbia parla di un nuovo re chiamato Dio e del primo ministro Gesù Cristo, suo figlio. I missionari cercano di persuadere il mio popolo ad entrare nel Regno dei Cieli, a pregare il loro re e a chiedergli favori. Ora, voi tutti sapete che qui vi è un unico regno, quello dei nostri antenati. D'ora in poi, voglio che esso non sia diviso. Non m'importa di questo Regno dei Cieli, di questo Dio che governa, di questo Gesù Cristo! Essi possono regnare sugli uomini bianchi venuti dal mare, ma io non voglio che i miei sudditi siano ingannati". Questo discorso scatenò una violenta repressione nei confronti dei cristiani che vennero perseguitati in ogni modo. Chiunque fosse stato trovato in possesso di una Bibbia veniva immediatamente ucciso così come coloro che fossero sorpresi a predicare il Vangelo. Numerose persone trovarono la morte bruciate sul rogo, decapitate, bollite vive o gettate da alte rupi. Nel 1863, dopo quasi trentacinque anni di spietato governo e di persecuzioni, la regina Ranavalona si ammalò e morì e ancora oggi il suo regno è definito dai cristiani malgasci come il periodo in cui la terra si oscurò e le sponde si tinsero di rosso.

La regina Ranavalona sul trono con i suoi eredi, da un'incisione su legno del 1875 circa.

Persecuzioni di cristiani ordinate dalla regina Ranavalona: esecuzione di 18 condannati a morte il 28 marzo 1849. Dipinto di autore sconosciuto appartenente al missionario inglese Arthur Hucket che, con sua moglie Eliza, fondò una missione in Madagascar nel 1881.

LA RICHIESTA DI AIUTO ALL'IMPERATORE

La feroce politica della regina portò suo figlio Radama, erede al trono, a tramare contro di lei. Vicino al cattolicesimo e ai circoli nazionalisti francesi nel 1854 il principe scrisse a Napoleone III chiedendogli di invadere il Madagascar e destituire la regina. L'imperatore dei Francesi non rispose all'appello di Radama II che nel 1857, supportato dai nazionalisti francesi, progettò un colpo di Stato che però venne sventato dalla regina. La scoperta del complotto radicalizzò ancora le posizioni della regina che espulse dal paese tutti gli stranieri. Il destino del Madagascar fu quello di diventare comunque un protettorato francese nel 1890 dopo un'invasione (1893) e due guerre.

Destino dei prigionieri catturati dopo una battaglia contro i nazionalisti francesi.

FRANCISCO SOLANO LOPEZ

UN RAMPOLLO AMBIZIOSO

Figlio del presidente paraguayano Carlos Antonio López, da giovane si dedicò a missioni diplomatiche in Europa e alla carriera militare, e alla morte del padre il Congresso lo elesse presidente (1862). Amante della bella vita, amava vestirsi con divise fantasiose, da lui stesso disegnate, molto affabi e nei rapporti con i suoi parigrado era invece spietato nei confronti dei suoi subordinati. Durante i suoi primi due anni d presidenza, continuò le politiche di suo padre, promuovendo soprattutto l'agricoltura, ma il suo sogno era realizzare uno stato egemone in America Latina, così come aveva fatto Napoleone, il suo idolo, in Europa. Nel 1864 sostenne i conservatori uruguayani nella loro lotta contro i leberali, ma si trovò di fronte alla presa di posizione di Argentina e Brasile che invece sostenevano i suoi avversari. Pur non avendo un esercito pronto per una guerra di grande portata e immaginando di avere doti strategiche che invece non possedeva a sorpersa attaccò i due stati rivali coinvolgendo il paese in una guerra sanguinossissima e senza alcuna possibilità di vittoria.

Francisco Solano Lopez in una fotografia del 1864, quando era ormai da due anni presidente-dittatore del Paraguay

UN DISASTRO SENZA EGUALI

I disastri militari acuirono la sua paranoia, vedendo complotti e intrighi dappertutto. A metà del 1868 si convinse che la sua stessa famiglia fosse coinvolta in una cospirazione per rovesciarlo e non esito a torturare e giustiziare i familiari presumibilmente coinvolti. Anche il vescovo Manuel Antonio Palacios cadde stto le sue grinfie e dopo avergli estorto una confessione con la tortura lo fece fucilare. Dopo varie sconfitte, si ritirò con i resti dell'esercito sul Cerro Corá, nel Nord del Paese, e lì fu ucciso in uno scontro con i brasiliani il 1º marzo 1870. Alla fine della guerra il 70% della popolazione paraguayana era rimasta uccisa.

La morte di Francisco Solano López sulla sponda del fiume Aquidabán, inseguito dai soldati brasiliani dopo la battaglia di Cerro Corá, in una illustrazione del 1870 dell'artista, archeologo e naturalista argentino Adolfo Methfessel(1836-1909)

Il caporale dell'esercito brasiliano José Francisco Lacerda, soprannominato Chico Diablo, ferisce con una lancia Francisco Solano López nella battaglia di Cerro Corá avvenuta il 1 marzo 1870. Illustrazione apparsa sulla rivista brasiliana Semana Ilustrada del 27 marzo 1870.

LA GUERRA DELLA TRIPLICE ALLEANZA

La Guerra della Triplice alleanza fu il più sanguinoso conflitto della storia dell'America Latina. Venne combattuta tra il 1864 e il 1870 dal Paraguay contro le tre nazioni alleate di Argentina, Brasile, ed Uruguay. Il conflitto ebbe inizio quando i Brasiliani intervennero in Uruguay in appoggio ai Colorados (1864) e Francisco Solano Lopez dichiarò guerra al Brasile e dopo anche all'Argentina che gli rifiutava il permesso di attraversare il suo territorio per invadere il Brasile meridionale. A Brasile e Argentina si unì anche l'Uruguay. La guerra si concluse con la completa disfatta dell'esercito paraguayano e la morte del presidente.

SERIAL KILLER DELL'OTTOCENTO

CASI DA PRIMA PAGINA

La figura del serial killer portata alla ribalta dagli scrittori di libri gialli, purtroppo non è un frutto della fantasia di questi letterati, ma appartiene alla realtà, che come sappiamo, spesso supera di gran lunga ogni fantasia. Già nei tempi antichi vissero persone che si macchiarono di una serie di delitti, come abbiamo documentato nelle pagine precedenti, ma dall'800 gli assassini seriali divennero un centro d'interesse grazie all'apporto della stampa che ne fece uno degli argomenti più trattati. Uno dei primi di cui si venne a sapere fu Brendan Burke, un inglese, proprietario di uno squallido albergo che uccise alcuni suoi clienti per scarnificarne i cadaveri e venderne gli scheletri all'università. Venne arrestato e condannato all'impiccagione. Anche la francese Hélène Jégado, una badante che avvelenò le persone per cui lavorava subì la stessa sorte: al processo accertarono che uccise 23 persone, ma in realtà le vittime furono 36. Nella maggior parte dei casi il movente era il denaro, intascare i loro soldi o prendersi quelli di un'assicurazione sulla vita che le vittime avevano sottoscritto come nel caso del marzo 1873 che vide coinvolta Mary Ann Cotton, una donna dell'Inghilterra Vittoriana che uccise con l'arsenico almeno 21 persone.

SPINTI DA PULSIONI SESSUALI

Come Jack lo Squartatore, di cui parliamo nelle pagine seguenti, molti invece furono spinti ad uccidere da malsane pulsioni sessuali e furono i più crudeli perché oltre ad uccidere seviziavano le loro vittime o ne straziavano i corpi. Uno di questi fu Franklin B. Evans che nella seconda metà dell'800 si rese responsabile di alcuni orrendi delitti che videro coinvolte delle bambine e delle adolescenti. Evans viaggiò nel New England e nel Canada orientale come predicatore avventista o esperto botanico e riuscì sempre a non destare sospetti fino a che non venne accusato del rapimento di sua nipote e durante il processo emersero altri fatti che provarono la sua colpevolezza anche per altri cinque delitti precedenti. Negli ultimi anni del secolo venne giustiziato a Filadelfia Henry Howard Holmes dopo che aveva confessato di aver ucciso ben 133 persone. In un primo momento la polizia lo ritenne responsabile "solo" di nove omicidi, ma durante la perquisizione del suo hotel vennero trovati più di cento scheletri.

The Camden Town Murder, un dipinto del pittore inglese Walter Richard Sickert (1860-1942). Secondo la criminologa statunitense e autrice di romanzi Patricia Cornwell, l'artista rientrerebbe tra i principali sospettati di essere stato il famigerato Jack lo Squartatore.

Sadismo

Il piacere sessuale di infliggere dolore fisico a un'altra persona prende il nome dal famoso marchese De Sade l'aristocratico francese autore di diversi libri erotici nei quali figura un essere freddo e razionale capace di ogni sorta di azione immorale e riprovevole ai fini dell'accrescimento del proprio piacere sessuale. Il legame tra sadismo e omicidio è molto forte specialmente nei "serial killer" che traggono piacere proprio nell'uccidere altre persone. La maggior parte dei sadici è di sesso maschile e Glen Owens Gabbard, famoso psicanalista statunitense, asserisce che i sadici tentano di capovolgere scenari infantili in cui le vittime di abusi fisici e psichici erano loro.

Franklin B. Evans, lo strangolatore di Northwood.

JACK LO SQUARTATORE

UN MISTERO IRRISOLTO

Alle 3.45 del 31 agosto 1888, lungo Buck's Row, nell'East End di Londra, uno scaricatore del porto, rientrando a casa inciampò in un cadavere; in un lago di sangue era riverso il corpo mutilato di Ann Nichols, una una prostituta quarantenne alcolizzata, abituale frequentatrice dei ricoveri per poveri. Subito si pensò a un regolamento di conti nell'ambiente della malavita londinese, ma dopo un accurato esame si notò che alla donna erano stati asportati chirurgicamente gli organi interni dopo che essere stata sgozzata. Dopo questo delitto altre quattro prostitute vennero trovate uccise allo stesso modo tra il 31 agosto e il 9 novembre di quell'anno e ad accusarsi dei delitti fu l'autore anonimo di una lettera recapitata alla polizia e firmata *Jack the Ripper,* Jack lo Squartatore.

SOSPETTATI

Data la loro efferatezza i delitti fecero molto clamore e le forze dell'ordine si impegnarono a dare un nome all'assassino e ad assicurarlo alla giustizia, ma tutti gli sforzi furono vani tanto è vero che neppure oggi a oltre un secolo non ne conosciamo l'identità. Alcuni ritengono che si trattasse di Albert Victor, un cugino della regina Vittoria che aveva contratto la sifilide in quei luoghi e per questo si voleva vendicare; un'inchiesta più recente identifica l'assassino con un immigrato polacco di nome Aaron Komirski, barbiere di 23 anni, morto nel 1899, ma in verità queste, come altre ipotesi, non hanno mai trovato le conferme definitive, pertanto su Jack lo Squartatore aleggia sempre quel mistero che lo rende il serial killer più famoso della storia.

LE LETTERE ALLA POLIZIA

25 Set. 1888.
Caro Direttore,
continuo a sentir dire che la polizia mi ha catturato ma non mi fermeranno proprio ancora. Ho riso assai quando si mostrano così abili e dicono di essere sulla pista giusta. Quella barzelletta sul Grembiule di Cuoio mi ha veramente divertito. Mi sono fissato con le puttane e non smetterò di squartarle finché non sarò preso. (...) Terrete questa lettera per voi finché non avrò fatto un altro po' di lavoro, poi fatela uscire. Il mio coltello è così bello e affilato che mi viene voglia di rimettermi al lavoro subito se ne ho la possibilità. Buona fortuna.
Sinceramente vostro
Jack lo Squartatore
Non mi dispiace darmi un nome d'arte
PS Non sono stato abbastanza bravo da spedire questa prima di sporcarmi tutte le mani di inchiostro rosso maledizione. Ancora senza fortuna. Adesso dicono che sono un dottore. Ah! Ah!

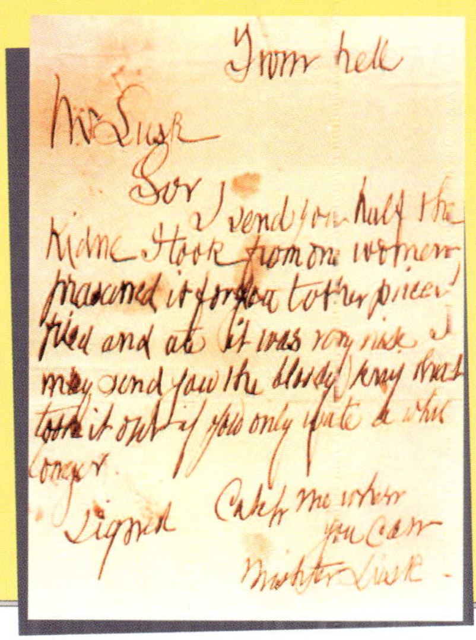
From hell
Mr Lusk
Sor
I send you half the Kidne I took from one women prasarved it for you tother piece I fried and ate it was very nise I may send you the bloody knif that took it out if you only wate a whil longer
signed Catch me when you can Mishter Lusk

La copertina della rivista inglese Puck del 21 settembre 1889, con la rappresentazione del disegnatore Tom Merry dell'assassino non identificato di Whitechapel.

Illustrazione della donna trovata morta nei vicoli di Commercial Road la notte del 26 dicembre 1887, poi nota con il nome di Fairy Fay, una vittima di Jack lo Squartatore.

L'UOMO DELINQUENTE

UNA CONTROVERSA ANALISI

Nel 1876 lo studioso italiano Cesare Lombroso pubblicò un libro che fece molto scalpore e suscitò un dibattito scientifico molto acceso.

Questo libro era *L'uomo delinquente* in cui l'autore affermava, dopo aver studiato a fondo molte persone che si erano macchiate di crimini, che il criminale lo si può individuare studiando il suo aspetto esteriore, il tratto del viso, lo sviluppo del suo scheletro perché i tratti somatici sono indicatori del comportamento e quelli dei criminali presentano le stesse caratteristiche per cui una determinata forma di un cranio sicuramente è associata ad un comportamento criminale. Secondo lo studioso italiano il comportamento criminale era quindi insito nell'individuo, frutto dei geni ereditari come, il colore degli occhi o quello dei capelli. In sostanza il crimanale era "diverso" dall'uomo normale non solo nel comportamento ma soprattutto nel suo aspetto fisico.

Come era prevedibile questa analisi sollevò sin dal suo nascere molte critiche, perché l'associazione "brutto e cattivo" sembrava troppo ovvia anche in una società classista come era quella del XIX secolo.

Al termine di un controverso percorso accademico e professionale, Lombroso fu anche radiato, nel 1882, dalla Società italiana di Antropologia ed Etnologia. Lo studioso italiano ebbe tuttavia il merito di esssere stato tra i primi ad avere avuto un approccio sistematico allo studio della criminalità, e alcune sue ricerche furono riprese da Freud e Jung per alcune teorie della psicoanalisi applicata alla società.

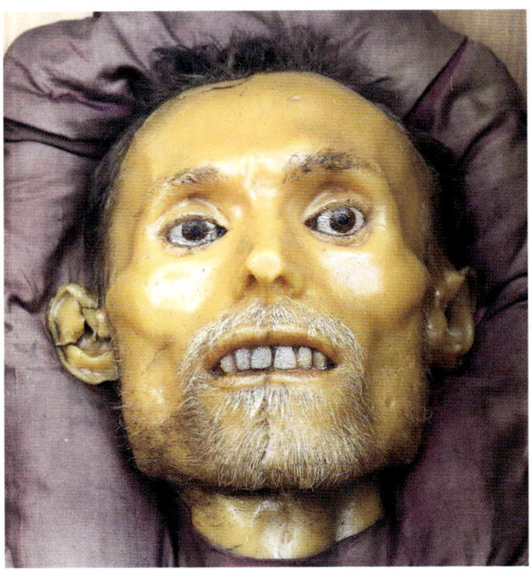

Calco in cera del volto di un falsario, nell'esposizione presso il Museo di Antropologia criminale Cesare Lombroso di Torino.

GIACOMO GROSSO

Ritratto di Cesare Lombroso eseguito dal pittore italiano Giacomo Grosso (1860-1938).

Esempi di fisiognomica di criminali, secondo le teorie di Cesare Lombroso; nella scheda sono evidenziati rivoluzionari e criminali politici, malati di mente e folli.

ANTROPOLOGIA CRIMINALE E FRENOLOGIA

L'Antropologia criminale, una combinazione fra lo studio della specie umana e lo studio dei criminali, analizza i profili di un reato in base ai collegamenti tra la natura del reato stesso e la personalità o l'aspetto fisico dell'autore.
L'iniziatore di questa pseudoscienza in Italia è stato Cesare Lombroso che la applicò allo studio delle caratteristiche fisiche di quelli che nelle zone meridionali del neonato Regno d'Italia che erano definiti "briganti".
Questi studi erano ispirati dalla frenologia, un'altra dottrina pseudoscientifica, ideata e propagandata dal medico tedesco Franz Joseph Gall (1758-1828), secondo la quale le singole funzioni psichiche dipenderebbero da particolari zone del cervello per cui dalla valutazione di particolarità morfologiche del cranio di una persona, come linee, depressioni, bozze, si potrebbe giungere alla determinazione delle qualità psichiche dell'individuo e della sua personalità.

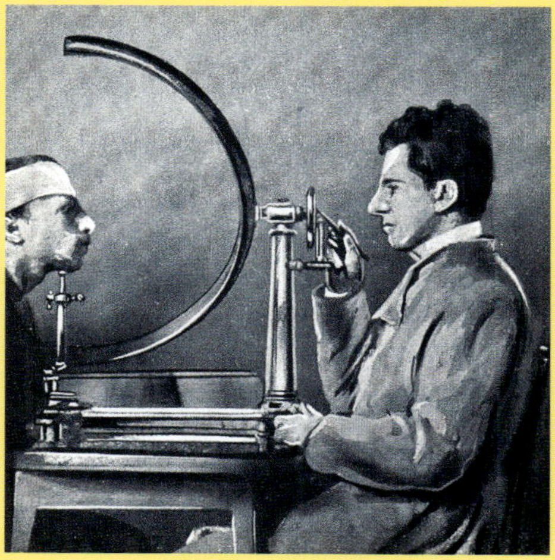

TZU-HSI

LA PICCOLA ORCHIDEA CHE DIVENNE IMPERATRICE

Entrata nell'harem dell'imperatore Xianfeng come concubina di quinto rango, Lan'er (Piccola Orchidea) seppe farsi notare, oltre che per la sua bellezza per la sua forte personalità e l'imperatore la scelse come favorita e dalla loro unione nacque l'unico figlio maschio Tongzhi, erede al trono imperiale. Nel 1861 morì Xianfeng e Lan'er con intrighi e complotti di corte riuscì a farsi proclamare Imperatrice reggente. Le vennero conferiti i suoi primi titoli onorifici tra cui Tzu-hsi (Materna e Propizia) con cui è passata alla storia. Nel 1876, dopo la morte - causata da una salute cagionevole e da una condotta dissoluta - del figlio, Tzu-hsi fece proclamare imperatore Guanxu, suo nipote, di quattro anni, per conservare tra le sue mani il potere. Quando raggiunse la maturità, Tzu-hsi si ritirò in campagna, pur conservando una rete di spie che la tenevano costantemente informata sulla vita di corte e sul comportamento dell'imperatore e quando questi avviò una serie di riforme per modernizzare il paese, Tzu-hsi rientrò in campo, appoggiata dalla parte più tradizionalista del paese, riprese il potere come reggente, confinando l'imperatore fino alla sua morte in un padiglione, in mezzo al lago dell'attuale Palazzo d'Estate. Ovviamente cancellò le riforme proposte dal nipote e perseguì tutti coloro che lo avevano aiutato a realizzarle, compiendo una vera e propria strage delle menti più aperte esistenti in Cina.

L'imperatrice Tzu-hsi e l'imperatore Guanxu concedono un'udienza ufficiale. Disegno della ritrattista americana Katharine Augusta Carl pubblicato nel 1905.

LA FINE DI UN IMPERO

La situazione precipitò pochi anni dopo, nel 1900, quando scoppiò la famosa "Rivolta dei Boxer", segretamente sostenuta dalla stessa imperatrice da sempre contraria ad ogni ingerenza straniera sul suolo cinese. Il lungo assedio al quartiere delle ambasciate straniere coalizzò un'Alleanza di otto Nazioni, che dopo aver dato vita ad un corpo di spedizione militare, marciò su Pechino, occupando la città . Le forze vincitrici costrinsero l'imperatrice a sottoscrivere un umiliante trattato che tra l'altro, prevedeva l'applicazione di quelle riforme, proposte dal nipote a cui lei si era prepotentemente opposta. Continuò a regnare fino alla sua morte avvenuta nel 1908, ma il suo potere era ormai ridimensionato perché legato ad un mondo che andava scomparendo. Tre anni dopo la sua morte, la dinastia Qing fu rovesciata dalla rivoluzione Xinhai.

Ritratto ufficiale dell'imperatrice Tzu-hsi all'età di circa 55 anni. Dopo essere stata scattata, la fotografia fu venne colorata dai pittori della Corte Imperiale in maniera realistica.

La repressione delle rivolta dei Boxer da parte delle truppe delle otto potenze alleate fu estremamente feroce: "una carneficina e un saccheggio sistematici che superano di gran lunga tutti gli eccessi compiuti dai boxer", secondo una cronista dell'epoca.

IL PALAZZO DELL' IMPERATRICE

Iniziato nel 1750 dall'imperatore Qianlon era conosciuto anche come "Giardino dei chiari gorgoglii".
Benché avesse subito diversi attacchi durante l'invasione anglo-francese del 1860 e nel 1900 in conseguenza della rivolta dei Boxer, venne sempre restaurato, anzi l'imperatrice Tzu-hsi, che lo aveva scelto come residenza estiva, investì 30 milioni di tael *d'argento, in origine destinati alla flotta, per la sua completa ricostruzione.*

PERSONAGGI CRUDELI DEL NOVECENTO FINO AGLI ANNI '50

I primi cinquanta anni del XX secolo sono stati tra i più sanguinosi della storia dell'uomo e non solo perchè imperversarono due conflitti che coinvolsero gran parte dell'umanità, infatti fu proprio in questi anni che agirono persone che per assecondare la loro sete di potere ricorsero ai mezzi più spietati senza alcun senso di pietà.

LEOPOLDO II DEL BELGIO

UN RE SANGUINARIO

Nella conferenza di Berlino del 1885 il re del Belgio Leopoldo II riuscì a farsi assegnare il territorio del Libero Stato del Congo, da gestire come possesso personale, senza che il governo belga potesse in qualche modo intromettersi. Per i poveri abitanti di questo paese centroaficano iniziò il periodo più terribile della loro storia e dopo poco più di 20 anni di amministrazione reale si poterono contare oltre dieci milioni di vittime di questo carnefice dall'apparenza bonaria. Il processo di vulcanizzazione da poco scoperto aveva fatto del caucciù un elemento importantissimo e pertanto molto pregiato, e per "sfortuna" dei congolesi il loro stato ne era ricco. Leopoldo pertanto avviò una raccolta intensiva di questo prodotto stabilendo delle quote minime che ogni villaggio doveva fornire e in caso di mancato raggiungimanto, fioccavano le terribili punizioni. Come hanno potuto testimoniare molti missionari e il console inglese Roger Casement i villaggi inadempienti venivano bruciati e i loro abitanti massacrati; in altri casi si procedeva all'amputazione di arti per i lavoratori ritenuti inetti, il tutto in una spirale di violenza che non aveva eguali. Dopo che il pubblico venne a conoscenza di questi fatti nel 1906 Leopoldo II fu costretto a nominare una commissione d'inchiesta per tentare di discolparsi dalle accuse, ma i commissari si trovarono di fronte a tale orrore che non trovarono alcuna scusante per il sovrano. Nel 1908 il re carnefice cedette il suo possedimento al Belgio, non prima però di aver distrutto tutti i documenti che provavano la sua diretta responsabilità nel genocidio del popolo congolese.

PUNIZIONI CRUDELI E MUTILAZIONI DA ARTI

La punizione più comune per coloro che in qualche modo non soddisfacevano gli ordini del re era l'amputazione di una mano o di un piede, punizione che veniva effettuata di fronte a tutto il villaggio, per terrorizzare gli altri indigeni. Molte volte il malcapitato moriva per l'infezione a seguito della ferita e comunque la sua vita era segnata perché da quel momento era quasi impossibile per lui procurarsi il cibo per sopravvivere.

Leopoldo II spese somme enormi per corrompere la stampa, creando un apposito ufficio per mascherare i suoi crimini.

Fotografia databile fra il 1890 e il 1910, che mostra un missionario della missione di Balolo, in Congo, che tiene il braccio di un indigeno con la mano amputata. I missionari di Balolo avevano raccolto una documentazione delle atrocità commesse durante il governo di Leopoldo.

Leopoldo II del Belgio fotografato con indosso le insegne di Cavaliere dell'Ordine della Giarrettiera. Roger Casement, console britannico in Congo, scrisse in una relazione al suo governo che il sovrano belga "fu un Attila in vesti moderne, e che sarebbe stato meglio per il mondo che non fosse mai nato".

IL VOLTO BRUTALE DEL COLONIALISMO

IL TRIONFO DELL'IPOCRISIA

La supremazia tecnologica europea produsse a partire dal xv secolo un fenomeno che condizionò e condiziona tuttora la storia dell'umanità. Con la scusa di portare dapprima la vera religione (ovviamente quella cristiana) e in seguito più genericamente la "civiltà", le maggiori potenze europee occuparono territori, prima in America, poi in Asia e in Africa, in realtà per sfruttarne fino in fondo le risorse depredandoli di tutte quelle materie prime che mancavano in Europa. Iniziò così un operazione che portò all'eliminazione fisica di tutti coloro che si opponevano a queste occupazioni e all'imposizione di un modello di vita e di comportamenti che nulla aveva a che fare con quello delle popolazioni indigene americane, africane o asiatiche. Tutto questo era giustificato dal fatto che l'uomo bianco, si riteneva superiore alle altre "razze" e pertanto compiva un'operazione misericordiosa andando a civilizzare quelle povere popolazioni arretrate.

UN BILANCIO CATASTROFICO

Per imporre questo sistema, che si riteneva perfetto, non si lesinò sulla forza, anzi quella fu la prima ad essere mostrata, proprio per far comprendere chi da quel momento comandava. Fu così che furono cancellate intere civiltà preesistenti per sostituirle con governi fantocci nelle mani di poche potenze europee. Oltre che da ragioni economiche, l'espansione coloniale fu sostenuta anche per ragioni di prestigio, soprattutto in una fase in cui il crescente nazionalismo imponeva ad uno stato di imporsi con qualsiasi mezzo sugli altri stati.
Milioni di individui persero la vita in conseguenza di una tale politica, e quando questa cessò lasciò una situazione ingestibile che ancora oggi crea problemi. I confini disegnati sulla carta senza tenere conto delle persone che abitavano quei territori sono oggi causa di conflitti che continuano a insanguinare quei martoriati continenti.

La resa del principe Diponegoro al generale olandese Hendrik Merkus barone di Kock, il 28 marzo 1830; l'evento pose fine alla Guerra di Giava che durava da oltre cinque anni (dipinto del 1835 del pittore Nicolaas Pieneman).

PRINCIPE DIPONEGORO

Le potenze occidentali e il Giappone si contendono le sfere di influenza in Cina (da una vignetta umoristica francese del 1898).

Soldati e funzionari britannici osservano compiaciuti le teste tagliate a cinesi dopo una ribellione a Hong Kong verso la fine del XIX secolo.

RASPUTIN

UN MISTICO AMMALIATORE

Grigorij Yefimovitch Novykh era un contadino analfabeta, con un'infanzia caratterizzata da violenze e ruberie tanto da meritarsi il soprannome di "Rasputin" dalla parola russa *rasputnik,* che indica una persona libertina e corrotta. Nei primi anni del '900 tuttavia ebbe una crisi mistica durante la visita a un monastero negli Urali e qui scoprì di possedere la capacità di alleviare le sofferenze altrui e predire il futuro.

È in questo periodo che viene a contatto con esponenti di una setta orgiastica non ortodossa considerata illegale, ma molto popolare in Russia: i *khlisty.* Secondo i khlisty, l'uomo può purificarsi dal peccato solo in un modo, abbandonandovisi totalmente e, attraverso il pentimento che ne segue, ascendere alla catarsi.

La sua fama di mistico e taumaturgo, si diffuse molto velocemente e giunse fino a corte, dove nel 1905 fu chiamato dalla famiglia imperiale, che si aspettava dalle sue cure ipnotiche la guarigione dello sfortunato *zarevic* (il principe ereditario) Alessio, malato di emofilia. Verso il 1911 cominciò a giocare segretamente un notevole ruolo politico, approfittando del suo ascendente soprattutto sulla zarina Alessandra Feodorovna, per ottenere le più alte cariche nella Chiesa e nello Stato per i suoi protetti. Le sue dissolutezze e le sue orge scandalose finirono però per turbare l'opinione pubblica, che dopo il 1914 lo accusò di essere un agente della Germania (accusa che però non fu mai provata).

Gregori Rasputin e il giovane Yusupov in una rievocazione all'interno del Museo delle cere nella stanza sotterranea di palazzo Yusupov a San Pietroburgo dove avvenne l'assassinio del monaco.

Grigorij Efimovi Rasputin in una fotografia scattata nel 1910.

UNA FINE VIOLENTA

Sfuggito a numerosi attentati, nel dicembre 1916 fu vittima di un complotto al quale presero parte due membri dell'alata aristocrazia, il principe Jusupov, il granduca Pavlovic e anche il deputato di estrema destra, Purisckevic.
Dopo averlo invitato a pranzo i congiurati lo avvelenarono e, una volta intontito dal veleno, lo finirono con due colpi di rivoltella; in un primo momento pensarono di bruciarne il corpo, ma poi decisero di gettarlo nel fiume Malaya Nevka dove fu trovato tre giorni dopo completamente ghiacciato.

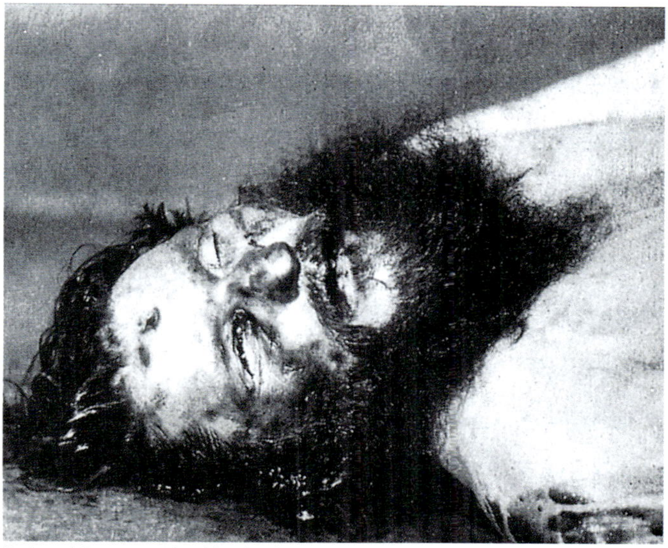

Il cadavere di Rasputin in una foto della polizia di San Pietroburgo, dopo essere stato recuperato dal letto ghiacciato del fiume Malaya Nevka.

Rasputin, Hermogenes e Iliodor insieme in una foto del 1906, prima che i tre diventassero acerrimi nemici.

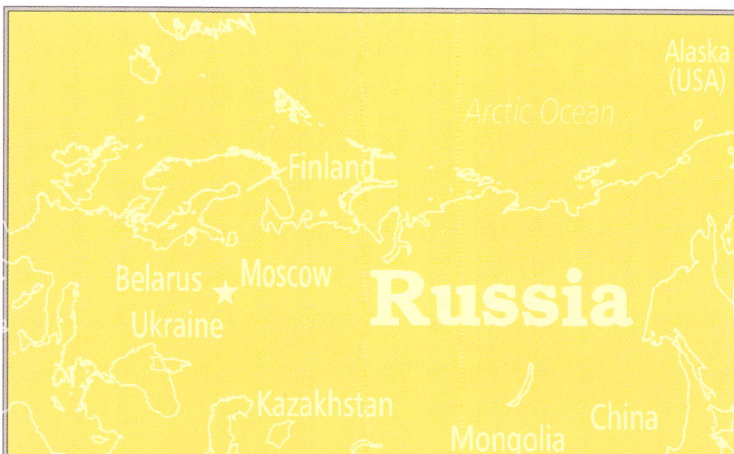

LO ZAR E LA ZARINA DI RUSSIA

Nicola II Romanov e Aleksandra Fëdorovna Romanova sono stati gli ultimi imperatori di Russia: la coppia si sposò nella cappella del Palazzo d'Inverno il 26 novembre 1894 e dallo loro unione nacquero:
Olga nel 1895, Tatiana nel 1897, Maria nel 1899, Anastasia nel 1901 e infine Aleksej Nikolaevič nel 1904, l'erede al trono che purtroppo era affetto da emofilia, un'incurabile patologia del sangue trasmessagli dalla madre.
A seguito della rivoluzione tutta la famiglia reale fu trasferita dapprima a Tobol'sk, in Siberia, nell'agosto 1917, per ordine di Kerensky, ma nel novembre 1917 furono condotti a Ekaterinburg dove il 17 luglio 1918 tutti i membri vennero fucilati.

IL GENOCIDIO DEGLI ARMENI

UNA STRAGE NEGATA

Oltre un milione di Armeni scomparvero nell'arco di pochi mesi all'inizio del 1915, vittime delle milizie turche, ma questa strage, benché sorretta da innumerevoli testimonianze, è sempre stata negata dal governo turco che ancora oggi minaccia di sanzioni chiunque osi affermarne la veridicità.
Era durante la Prima guerra mondiale e l'Impero ottomano era schierato con gli imperi centrali (Austria e Germania): l'esercito turco tentò un attacco alle postazioni russe nel Caucaso, ma l'offensiva andò male e anzi ci fu una controffensiva russa accolta con favore dagli Armeni che già in passato avevano subito angherie dal governo ottomano.
Questo fatto, unito alla rabbia per la sconfitta, esasperò l'alto comando turco che ordinò ai propri soldati di rastrellare tutti gli Armeni presenti sul territorio e con l'accusa di tradimento trasferirli in altre zone del paese. Iniziarono così le "marce della morte" che videro coinvolti oltre un milione di armeni: uomini, donne e bambini furono costretti ad abbandonale le loro case e i loro villaggi e costretti a marciare con scarsissimi viveri in un territorio ostile.
Moltissimi morirono per gli stenti, altri furono fucilati e in alcuni casi bruciati vivi, vittime della furia omicida della milizia turca.
Lo storico Arnold J. Toynbee, che fu ufficiale dell'*Intelligence* britannica in Anatolia nella prima guerra mondiale, stima che dei 1.800.000 Armeni ne rimasero vivi solo 600.000.

Poster del 1917 dell'American Committee for Relief in the Near East (ACRNE) per una campagna in sostegno degli Armeni.

Armin T. Wegner, militare paramedico in una foto nel 1916 in Bagdad, testimone del genocidio.

Deportazione di Armeni a Erzurum in una fotografia scattata dal naturalista austriaco Viktor Pietschmann, durante la Prima Guerra Mondiale.

Fotografia che testimonia un eccidio ad Aleppo, nel Nord della Siria, durante il cosiddetto "grande massacro".

ADOLF HITLER

Copia di una edizione del Mein Kampf del 1926.

IL RE DEI MALVAGI

Per i nati nel XX secolo, quando pensano ad un personaggio malvagio il primo nome che viene loro alla mente è quello di Adolf Hitler, il capo dei nazisti che con la sua politica causò uno dei più alti numeri di morti che si sia mai registrato nella storia dell'uomo. Di famiglia piccolo-borghese austriaca, frequentò infruttuosamente le scuole tecniche a Linz, dimostrando solo passione per il disegno; studiò pittura a Vienna e s'adattò a divenire operaio decoratore. Dopo aver partecipato alla Prima guerra mondiale nelle fila dell'esercito tedesco, fu uno dei protagonisti del dopoguerra fondando nel 1921 il Partito nazionalsocialista tedesco (NSDAP). Arrestato nel 1923 per un tentativo di golpe fu rinchiuso in carcere dove scrisse *Mein Kampf* (La mia battaglia), libro in cui esponeva il suo programma politico. Dopo essere stato liberato continuò con sempre maggior impeto la sua campagna fondata essenzialmente su un acceso nazionalismo e individuando in ebrei e comunisti i nemici della Germania. Nel 1933 venne nominato Cancelliere e le elezioni politiche che seguirono gli confermarono l'appoggio della popolazione tedesca. Iniziò così la dittatura nazista che avrebbe portato di lì a poco il mondo e la Germania verso la catastrofe.

IL SOGNO CRIMINALE

Il suo pensiero politico si basava su un principio fondamentale: la superiorità della razza ariana su tutte le altre, e pertanto era legittimo che questa dominasse il mondo. Un particolare disprezzo lo nutriva nei confronti degli ebrei, ritenuti i principali responsabili della sconfitta tedesca nella Prima guerra mondiale per cui le sue prime azioni mirarono alla distruzione di questo popolo. Il sogno di un impero millenario che avrebbe governato il mondo nei secoli a venire aveva bisogno di una guerra per realizzarsi, pertanto guerra fu. Confidando in una rapida vittoria del rinnovato esercito tedesco attaccò la Polonia nel settembre 1939 e nel 1942 il suo dominio andava dalla pianura russa ai Pirenei, ma poco dopo questo impero cominciò a scricchiolare e infine crollò lasciando sul campo più di 60 milioni di morti e intere nazioni distrutte.

Uno dei raduni oceanici di Norimberga del partito nazista in Germania durante gli anni Trenta.

Adolf Hitler e Joseph Goebbels nel 1933 fotografati insieme nel Berghof, la residenza estiva del Führer, presso Berchtesgaden, nelle Alpi bavaresi.

IL FÜHRER

Dopo la morte di Paul von Hindenburg (1934), presidente del Reich, Hitler assunse il titolo di Führer, più precisamente Führer und Reichskanzler cioè "Guida e Cancelliere del Reich", in questo riuscì a realizzare pienamente quello che era lo slogan politico alla base della dottina nazionalsocialista "Ein Volk, ein Reich, ein Führer" ("Un popolo, un impero, una guida"). Dopo la morte del dittatore il termine führer è stato cancellato dal vocabolario politico tedesco.

LA SHOAH

L'ANTISEMITISMO

In ebraico *shoah* significa "sciagura" e sicuramente quello che capitò agli ebrei dell'Europa centro-orientale fra il 1933 e il 1945 fu la sciagura più immane che potesse colpirli. L'antisemitismo è sempre stato un sentimento presente in Europa da quando il cristianesimo si diffuse nel continente per cui gli ebrei erano abituati ai *progrom* e a leggi vessatorie, e i comportamenti violenti dei nazisti in un primo tempo pareva rientrassero in questi canoni, ma con le leggi di Norimberga, Hitler chiarì da subito quale fosse il suo giudizio sugli ebrei: non erano uomini, termine che poteva riferirsi solo agli ariani, ma sub-umani, una specie destinata a ricoprire il ruolo di schiavi nella società ipotizzata dal Fuhrer. Con le prime disposizioni furono allontanati da tutti i ruoli di prestigio della società, in seguito fu tolta loro la cittadinanza tedesca e quindi tutti i diritti relativi e infine furono separati del resto della comunità, relegati nei ghetti e nei campi di concentramento. Ma con la conquista di nuovi territori il loro numero divenne un problema.

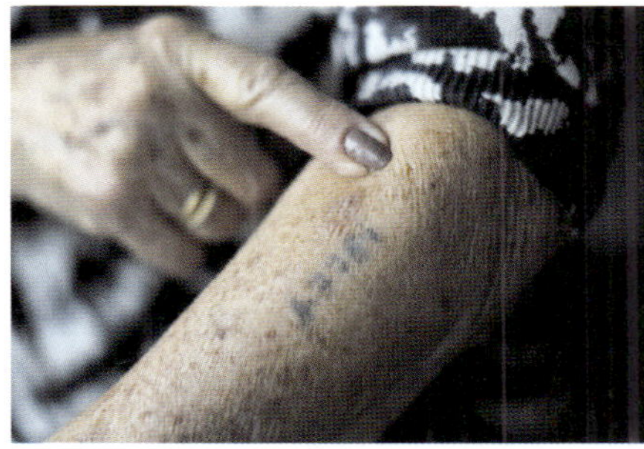

Tatauggio con matricola di riconoscimento impresso sulla pelle dei prigionieri dei campi di concentramento nazisti, sul braccio di un sopravvissuto.

Bambini ebrei al di la dei reticolati di un lager nazista. Molti di essi morirono per denutrizione e per il pesante lavoro forzato a cui erano costretti quelli di età superiore a 12 anni.

LA SOLUZIONE FINALE

Fu così che le alte autorità germaniche elaborarono la soluzione finale per risolvere una volta per tutte il problema ebraico. Nacquero i campi di sterminio in cui centinaia di migliaia di persone furono raccolte al solo scopo di essere eliminate, non essendo ritenute valide neppure per lavori di fatica. Furono sperimentati vari metodi e infine si giunse alla scelta delle camere a gas dove, uomini, donne, bambini venivano introdotti con la scusa di una doccia e invece venivano asfissiati con l'immissione nelle tubature del gas Zyklon-B. Una volta uccisi, i cadaveri venivano immediatamente bruciati nei forni crematori e di essi rimaneva soltanto una polvere sottile che s'innalzava dalle lugubri ciminiere dei campi.

IL CAMPO DI CONCENTRAMENTO DI AUSCHWITZ

Nella Polonia meridionale, a pochi chilometri da Cracovia i tedeschi costruirono nel 1940, pochi mesi dopo l'occupazione, un campo di concentramento, dove inviarono ebrei provenienti non solo dalla Germania, ma anche dai paesi che via via cadevano nelle mani dei nazisti. Sul cancello d'ingresso campeggiava la scritta Arbeit macht frei (il lavoro rende liberi) perché nelle prime intenzioni doveva essere un campo di lavoro. Quando nel 1942 venne presa la decisione per la "soluzione finale" venne costruito a poche centinaia di metri un nuovo campo, Birkenau, adibito esclusivamente allo sterminio dei prigionieri.

Vagone ferroviario utilizzato per trasferire i prigionieri deportati nei campi di concentramento in Polonia come Auschwitz, Birkenau e Oswiecim. Quest'ultimo era il più ampio campo di contentramento durante la Seconda guerra mondiale.

DOME SZTOJAY

Stemma del Partito delle croci frecciate, filonazista e antisemita, che sotto la guida di Ferenc Szálasi governò l'Ungheria dal 15 ottobre 1944 al marzo 1945.

ASSERVITO AI TEDESCHI

Dopo aver combattuto nella Prima guerra mondiale dove raggiunse il grado di colonnello, iniziò la carriera diplomatica che lo portò a diventare l'ambasciatore ungherese in Germania nel 1935, e da questa posizione convinse il suo governo ad appoggiare pienamente la politica di Hitler. Nel marzo del 1944 con l'operazione *Margarethe*, i tedeschi occuparono l'Ungheria e costrinsero il reggente del Regno d'Ungheria Miklós Horthy a rimuovere il primo ministro Miklós Kállay dall'incarico, invitandolo a scegliere un nuovo primo ministro. La scelta cadde su Dome Sztojay che il 23 marzo 1944 fu nominato Primo Ministro e Ministro degli affari esteri.

Come primo ministro, Sztójay legalizzò immediatamente il Partito delle Croci Frecciate di Ferenc Szálasi, aumentò il numero dei soldati ungheresi da inviare sul fronte orientale, sciolse le unioni sindacali e soprattutto eliminò tutte quelle voci dissenzienti che erano particolamente invise agli alleati tedeschi. Incrementò significativamente il ritmo delle deportazioni forzate degli ebrei ungheresi, tanto è vero che durante i sei mesi del suo governo, in una delle ultime grandi deportazioni forzate di popolazione dell'Olocausto, furono inviati verso i campi di concentramento oltre 440.000 ebrei.

L'SS-Obergruppenführer Werner Lorenz, Döme Sztójay, ambasciatore dell'Ungheria in Germania, insieme al presidente del Parlamento ungherese András Tasnádi Nagy, a Berlino nel 1940.

Fasi dell'impiccagione di Ferenc Szálasi, capo del Partito delle Croci frecciate, avvenuta nel cortile del carcere di via Markó, a Budapest, il 12 marzo 1946.

CONDANNATO A MORTE

Questa sua feroce politica appiattita sulle posizioni tedesche, in un momento in cui la Germania stava per perdere la guerra, incalzata dalle truppe alleate, fece infuriare Miklós Horthy che si prodigò per la sua rimozione e nell'agosto del 1944, Sztójay fu costretto a dimettersi in favore di Géza Lakatos.

Quando Horthy fu rimosso dal potere dai tedeschi nell'ottobre del 1944, Sztójay non fu riconfermato come primo ministro a causa della cattiva salute. Quando l'Armata Rossa nell'aprile del 1945 entrò in Ungheria Sztójay fuggì in Germania dove venne catturato dalle truppe americane e estradato in Ungheria nell'ottobre del 1945.

Qui venne giudicato da un tribunale popolare che lo riconobbe colpevole di crimini di guerra e crimini contro il popolo ungherese e lo condannò a morte.

Fu fucilato a Budapest il 22 agosto 1946.

IL PARTITO DELLE CROCI FRECCIATE

Fondato nel 1935 da Ferenc Szálasi con il nome di Partito della Volontà Nazionale (Nemzet Akaratának Pártja), basato su un forte nazionalismo, unito ad un feroce odio verso gli ebrei e i comunisti, si rese subito responsabile di gravi fatti di violenza (terrore bianco) e pertanto fu messo fuorilegge. Quattro anni dopo venne ricostituito come Partito delle croci frecciate (Nyilaskeresztes Párt). Nel 1944 Döme Sztójay fu nominato primo ministro per volontà dell'alleato tedesco, e subito mise in atto quella politica per la quale il partito era stato bandito. In poche settimane le Croci Frecciate si macchiarono di orrendi crimini soprattutto nei confronti degli ebrei. Dopo la liberazione i gerarchi del partito, compreso Szálasi, furono catturati e giustiziati.

ANTE PAVELIC

UN FANATICO CATTOLICO

Laureatosi in legge a Zagabria, si impegnò in politica nel "Partito Croato dei Diritti", un movimento nazionalista che si opponeva alla monarchia jugoslava e per questo nel 1929 fu costretto all'esilio. Si rifugiò a Vienna dove fondò un nuovo movimento nazionalista, gli Ustascia (da *usta* , "insorto", o "ribelle"). Il gruppo si dedicò ad attività terroristiche e nel 1934 riuscì ad assassinare il re Alessandro I a Marsiglia. Quando nel 1941 le truppe italo tedesche occuparono il Regno di Jugoslavia venne costituito lo Stato Indipendente di Croazia e i nazi-fascisti assegnarono a Pavelic il ruolo di guida. Fanatico cattolico, anticomunista, antiortodosso e antisemita, diede l'avvio ad un programma ideologico fondato su un punto essenziale: lo Stato croato doveva essere etnicamente puro, composto solo da devoti cattolici. Non per nulla la sua prima visita ufficiale fu in Vaticano dove venne accolto da Pio XII e benedetto in una udienza privata benché già fosse stato condannato a morte in contumacia per l'assassinio del re Alessandro I.

LA PERSECUZIONE DEI SERBI

Hitler porge i suoi saluti a Ante Pavelic, Primo ministro del neonato Stato indipendente di Croazia, al momento del suo arrivo al Berghof in occasione di una visita ufficiale di Stato.

Uno dei motti preferiti da Pavelic era: "Un terzo dei Serbi deve diventare cattolico, un terzo deve abbandonare il paese, un terzo deve morire!". E conseguentemente appena tre settimane dopo aver preso il potere contemporaneamente all'emanazione di leggi antiebraiche, iniziò una sistematica persecuzione dei cittadini di origine serba presenti nel suo stato.
Alcuni, i più fortunati, furono costretti a convertirsi alla fede cattolica. ma oltre 500.000 furono assassinati brutalmente: fucilati, gettati nelle foibe, annegati in mare, bruciati vivi o crocifissi. Molti venivano sadicamente torturati strappando loro gli occhi, tagliando le orecchie o il naso, seppellendoli vivi; le donne venivano stuprate e venivano amputate loro le mammelle. Questi crimini fecero inorridire persino i tedeschi, che come hanno purtroppo ampiamente dimostrato, non avevano certamente il cuore tenero, tanto è vero che Ribbentrop (il ministro degli esteri) incaricò l'ambasciatore tedesco a Zagabria di esprimere la profonda costernazione del governo del Reich a causa «degli orribili eccessi degli Ustascia, elementi criminali».
La dittatura croata, creatasi e sviluppatasi all'insegna della "Bibbia e della Bomba", durò fino al 6 maggio 1945, quando Pavelic fuggì da Zagabria e si rifugiò prima a Vienna e poi presso i suoi amici in Vaticano. Con l'aiuto di alcuni alti prelati raggiunse l'Argentina dove per qualche tempo fece perdere le sue tracce. Nel 1957 fu scoperto il suo rifugio e sfuggì ad un attentato, e per sfuggire ad un mandato di estradizione dovette cercare un altro rifugio che trovò in Spagna, allora sotto il regime di Francisco Franco. Invano il governo jugoslavo ne chiese l'estradizione. Morì a Madrid nel 1959.

GLI USTASCIA

Gli insorti, così si facevano chiamare i membri del movimento nazionalista fondato da Ante Pavelic per lottare contro la politica centralizzatrice panserba del governo di Belgrado. Adottando metodi terroristici organizzarono gli attentati che costarono la vita al re iugoslavo Alessando I e al presidente francese Louis Barthou (Marsiglia 9 ottobre 1934). Combatterono a fianco dei Tedeschi contro i partigiani di Tito e alcuni di loro cercarono di mantenere l'attività terroristica anche dopo la fine del conflitto.

Opuscolo postale dello Stato indipendente di Croazia del 1942 con l'immagine di Ante Pavelic in copertina.

Ante Pavelic incontra il cardinale Alojzije Stepinac. Inizialmente il prelato accolse benevolmente la creazione dello Stato indipendente di Croazia e il regime ustascia al governo.

IOSIF STALIN

IL PICCOLO PADRE

Alla notizia della morte di Adolf Hitler pochi tedeschi piansero, forse perché non avevano più lacrime, eppure il Führer era stato amato e osannato dalla maggioranza dei suoi connazionali; quando invece fu annunciata la morte di Stalin, moltissimi piansero, in Unione Sovietica e in molte altre parti del mondo dove il "piccolo padre" (così era soprannominato) era visto come un faro che illuminava un avvenire di prosperità e uguaglianza. A distanza di anni tuttavia il giudizio della maggior parte degli storici sui due maggiori dittatori del XX secolo è quasi identico, ambedue vengono condannati in quanto rei di azioni criminali verso i loro connazionali, azioni che hanno portato alla morte milioni di persone.

Manifesto di propaganda del 1929 con Stalin acclamato dal popolo: è l'inizio di quello che verrà successivamente definito come "culto della personalità".

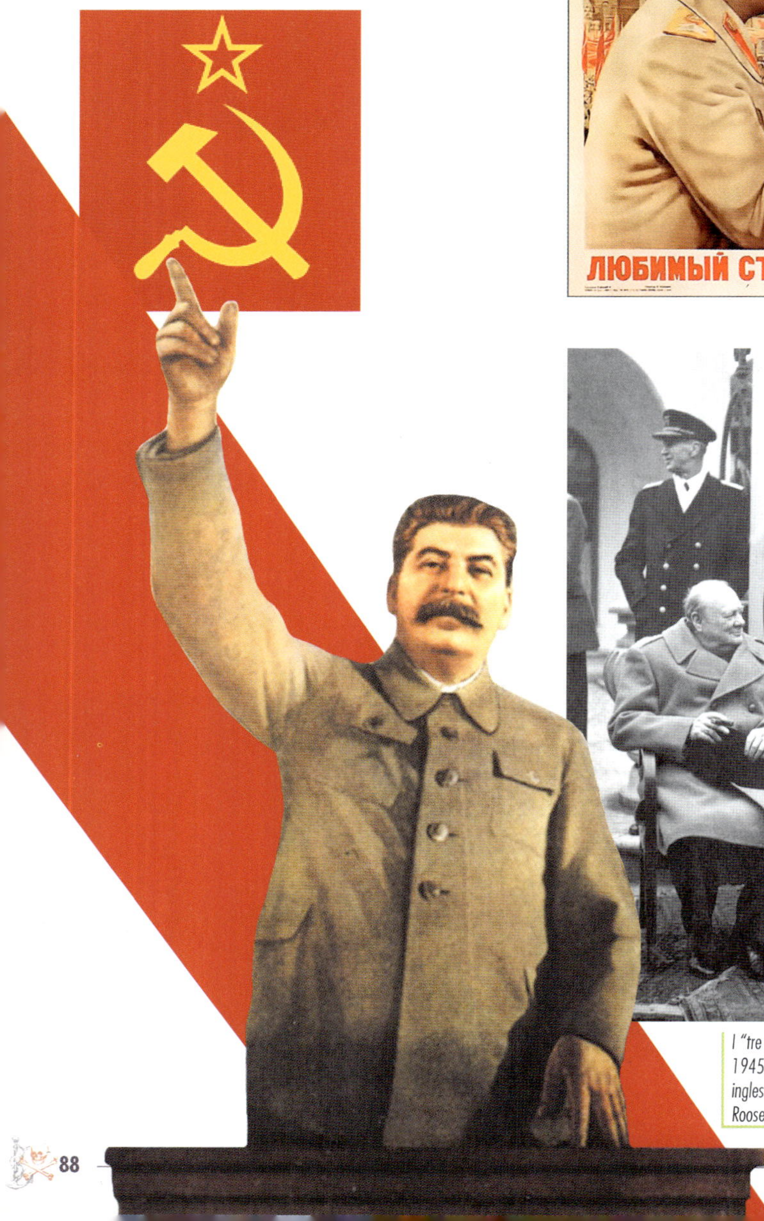

I "tre grandi" alla conferenza tenutasi a Yalta, in Russia, dal 4 all'11 febbraio 1945, durante la Seconda guerra mondiale. Da sinistra a destra: il premier inglese Winston Churchill, il presidente degli Stati Uniti Franklin Delano Roosevelt e Josif Stalin.

LO STALINISMO

Stalin fu al potere nell'URSS dal 1924 al 1953, anno della sua morte. Il suo obiettivo era la costruzione di uno Stato capace di sostenere la concorrenza della grandi potenze industriali e capitaliste. A questo fine egli impose alla popolazione duri sacrifici per il raggiungimento di un forte sviluppo industriale. Inoltre dal 1929 al 1933 attuò la collettivizzazione delle campagne, che costituì una delle più cruente e drammatiche vicende del Novecento russo.
Dal 1934, dopo la morte del suo fedele collaboratore Sergej Kirov, scatenò una violenta repressione poliziesca contro qualsiasi oppositore, reale o immaginario, accusando in processi-farsa tutti coloro che in qualche modo si opponevano al suo controllo assoluto dello Stato. Giustificò i suoi metodi di governo e il ricorso al una politica del terrore con la necessità di difendere l'URSS dall'accerchiamento dei paesei capitatlisti. Sta di fatto che tra il 1935 e il 1940 le persone giustiziate furono piu di 700000.

Oppositori del regime ai lavori forzati nei campi di prigionia detti gulag in una fotografia del 1930. Milioni di persone vi furono internate negli anni trenta del secolo scorso durante il regime staliniano.

STALIN E LENIN

Nella seconda metà del 1921 le condizioni di salute di Lenin si aggravarono e già intorno a lui cominciò la lotta per accaparrarsi il diritto di succedergli.
Lenin non amava Stalin, giudicandolo troppo rozzo e prevaricatore, ma al tempo stesso non si fidava neppure di Trotsky, a cui rimproverava l'eccessiva sicurezza di sè.
Stalin seppe approfittare del momento e nel 1922 conquistò la carica di segretario del partito comunista.
Nel 1923 una violenta lite con la moglie di Lenin, Nadežda Krupskaja, sembrò precludere a Stalin la via della successione, ma ormai il vecchio leader, indebolito dalla malattia, non seppe imporsi e i vertici del partito consegnarono a Stalin il futuro della Russia.

L'HOLODOMOR

ECCIDIO O CARESTIA?

L'espressione ucraina *moryty holodom* significa "infliggere la morte attraverso la fame" ed è quello che secondo gli Ucraini, accadde nell'ex repubblica dell'Unione Sovietica tra il 1929 e il 1933 e che avrebbe inflitto la morte a cinque milioni di persone (per alcuni i milioni di morti furono sette); il responsabile di questo genocidio sarebbe stato il dittatore dell'URSS Iosif Stalin attraverso la sua politica di collettivizzazione dei terreni agricoli in Ucraina. L'attuale governo Ucraino, ferocemente anti-russo, sostiene che la grande carestia in cui morirono milioni di contadini fu causata volutamente dal leader sovietico per eliminare fisicamente i *kulaki* (piccoli proprietari terrieri) che costituivano il nerbo della popolazione ucraina, e per annichilire lo spirito nazionalista degli Ucraini che opponevano resistenza al progetto di industrializzazione portato avanti da Stalin. Questa tesi è sempre stata contestata dalla autorità sovietiche prima e russe adesso che, pur ammettendo le forzature di Stalin, ritengono che la morte di milioni di individui sia stata causata dalla grande carestia, dovuto ad eventi naturali e non alla volontà di eliminare un'intera nazione.

Manifesto di commemorazione del genocidio: mani scheletriche impugnano falci per mietere il grano per poi consegnarlo ai funzionari sovietici.

La statua di una bambina con la spiga che introduce al monumento dell'Holodomor a kiev, in Ucraina.

COLLETTIVIZZAZIONE

Stalin abolì la proprietà privata dei terreni e costituì delle comuni agricole (*kolchoz*) che avevano il compito di approvvigionare le città e per questo dovevano fornire ogni anno quote di derrate alimentari.
All'inizio degli anni trenta, per una serie di circostanze sfavorevoli i raccolti fuorno scarsi, ma le quote dovute furono ugualmente consegnate, con il risultato che ai contadini non restava nulla per mangiare e per questo in milioni morirono di fame.

Requisizione di prodotti agricoli ai contadini di Novo-Krasnoye, nel distretto di Arbuzinsky, nella regione di Odessa (oggi regione di Nikolaev), nel novembre 1932.

IL RICONOSCIMENTO DELL'*HOLODOMOR* COME GENOCIDIO

Il 29 novembre 2006 il Presidente ucraino Viktor Yushchenko ha firmato la legge che definisce l'Holodomor un evento provocato, e poi sfruttato, in base a una precisa e dimostrabile scelta politica. La legge ha proclamato il quarto sabato di novembre "Giorno del ricordo" per commemorarne le vittime innocenti. Attualmente l'holodomor è stato riconosciuto come atto di genocidio dai Parlamenti di diverse nazioni: l'Argentina, l'Australia, il Canada, l'Estonia, la Georgia, l'Ungheria, la Lituania, la Polonia e gli Stati Uniti d'America

SHIRO ISHII E L'UNITÀ 731

Il generale Shiro Ishi in una foto del 1932 pubblicata sul Bollettino dell'Unità 731.

IL MENGELE GIAPPONESE

Nel 1932 il Giappone aveva occupato la Manciuria e qui istituì un governo fantoccio, pronto ad approvare qualsiasi direttiva proveniente da Tokyo. I giapponesi nutrivano un profondo disprezzo per le popolazioni locali che chiamavano con il nomignolo dispregiativo di *maruta*, pezzi di legno, per cui non si fecero scrupoli ad appoggiare il programma del dottor Shiro Ishii, famoso per aver debellato con uno speciale filtro per l'acqua l'epidemia di meningite a Shikoku, mirante alla sperimentazione di armi battereologiche da lui trovate.
Fu così che nacque l'Unità 731 costituita prima nei sobborghi della città di Harbin e poi spostata in un piccolo paesino, Pingfan, lontano da sguardi indiscreti ma ben collegato da strade e ferrovia alla grande città mancese. Qui il dottor Shiro Ishii con la sua equipe iniziarò gli esperimenti su cavie umane, prigionieri di guerra cinesi ma anche donne e bambini prelevati dai villaggi. Anche prigionieri anglo-americani finirono nelle mani del sadico dottore in barba al trattato di Ginevra che pure il Giappone aveva sottoscritto nel 1925. Furono iniettati gli agenti biologici della peste bubbonica, del colera, del vaiolo e del botulismo con l'intento di creare una "bomba" che poi sarebbe stata usata dai soldati giapponesi per contaminare coltivazioni, corsi d'acqua e cisterne nei paesi nemici.

NESSUNA CONDANNA

Nel 1945, quando la fine sembrava vicina, le truppe giapponesi tentarono di distruggere la sede dell'unità 731 per eliminare tutte le prove; ma molti edifici rimasero in piedi e così furono trovati dalle sopraggiunte truppe americane.
Dopo la guerra, in un primo momento Ishii fu arrestato dagli americani, ma subito dopo venne rilasciato iniseme ai suoi collaboratori in cambio delle informazioni sui risultati della ricerca di armi bateriologiche. Così, nonostante fosse il responsabile della morte di migliaia di persone, potè riprendere le sue normali attività e vivere nell'agiatezza grazie alle somme ricevute per le sue "consulenze". Morì di cancro della gola a Tokyo nel 1959.
Nel 1997 alcuni familiari delle vittime degli esperimenti del dottor Ishii fecero causa al governo giapponese per avere un risarcimento e scuse ufficiali, ma cinque anni dopo la corte giapponese respinse le richieste, pur ammettendo i fatti.

JOSEF MENGELE

Il soprannome dato a Shiro Ishi, ovvero il "Mengele giapponese" deriva dalla fama acquisita dal medico e criminale di guerra tedesco noto per i crudeli esperimenti medici e di eugenetica che svolse nel campo di concentramento di Auschwitz, dove usava i deportati come cavie umane, soprattutto bambini; per la sua attività, caratterizzata da una totale mancanza di pietà umana e di alcun rimorso, era stato soprannominato Todesengel (angelo della morte). Grazie a documenti fasi ottenuti in Italia Mengele si rifugiò in Paraguay, poi in Argentina e infine in Brasile dove morì nel 1979.

Ricostruzione di un esperimento eseguito dai Giapponersi presso il Museo dell'Unità 731 ad Harbin, nel Nord-Est della Cina. La Repubblica popolare cinese ha voluto istituire questo museo nello stesso luogo dove erano state perpetrate atrocità su civili e prigionieri di guerra da soldati e da scienziati giapponesi, quando l'edificio era il più grande centro di ricerca mondiale sulla guerra biologica.

Fotografia di un esperimento condotto su un prigioniero da personale dell'Unità 731.

ILSE KOCH

LA CAGNA DI BUCHENWALD

La ragazza modello, di buon carattere e dall'aspetto invidiabile, cambiò nel momento in cui entrò in contatto con i nazisti che si stavano affermando in Germania. Nel 1937 sposò Karl Otto Koch e formarono la coppia modello del regime nazista, quella a cui tutti i tedeschi dovevano aspirare. In quello stesso anno il marito venne nominato responsabile del campo di concentramento di Buchenwald, dove lei lo raggiunse e dove, esaltata dalla sua posizione di potere, iniziò a infierire sui prigionieri tanto da meritarsi l'appellativo di "cagna di Buchenwald". Durante le sue passeggiate mattutine frustava i detenuti che incrociava sul suo cammino, arrivando anche a farli uccidere a forza di percosse, se la persona incontrata non dava segno di totale asservimento e sottomissione. Nonostante questi orribili "passatempi", la vita del campo per Ilse doveva essere abbastanza noiosa e l'unico modo per ravvivarla era organizzare orge che coinvolgevano gli altri ufficiali e le loro mogli. La sua perversione la spinse fino a scegliere i detenuti più piacenti e costringerli ad ogni sorta di atto sessuale per soddisfare il suo voyeurismo e quello dei suoi complici.

LA FINE

La ferocia dei due coniugi fece inorridire persino le SS, che nel 1943 ordinarono l'arresto dei due per malversazione, eccessiva brutalità, infamia e corruzione. I giudici dichiararono: «Una cosa è torturare, percuotere e uccidere la gente; un'altra è divertirsi nel farlo!». Mentre il marito fu condannato a morte e giustiziato nell'aprile del 1945, Ilse fu rilasciata e andò a stabilirsi con la propria famiglia a Ludwigsburg.
Quando arrivarono gli americani fu nuovamente arrestata e dopo una serie di processi in cui sfilarono a testimoniare migliaia delle sue vittime fu condannata all'ergastolo. Morì suicida nel carcere di Aichach nel 1967.

Ilse Koch, il 14 agosto 1947 ascolta la sentenza emessa dal Tribunale militare statunitense di Dachau che la condanna all'ergastolo, pena che verrà poi commutata in 4 anni per mancanza di prove evidenti.

Rilasciata nel 1949, subì un nuovo processo che la condannò definitivamente al carcere a vita.

Ilse Koch risponde alle domande dell'accusatore durante il processo di Dachau; quando le furono mostrate le foto di mucchi di cadaveri trovati nel campo di Buchenwald, la donna gridò: "Bugie! Tutte bugie!" e continuò a negare arrivando al punto di simulare una crisi epilettica.

IL SUICIDIO IN CARCERE

Nel 1947 venne processata e in molti erano favorevoli alla sua condanna a morte; ma la Corte la condannò all'ergastolo e ai lavori forzati.
Nel 1951 venne rimessa temporaneamente in libertà; ma l'evento suscitò uno scandalo così grande che il processo venne riaperto e la Koch venne condannata in via definitiva all'ergastolo.
Il 1 settembre 1967, dalla sua cella del carcere di Aichach, in Baviera, Ilse scrisse un'ultima lettera al figlio Uwe, lamentandosi della sua condizione e sostenendo di essere un capro espiatorio per proteggere le alte sfere delle SS, poi, annodate assieme alcune lenzuola e fissate alla lampada della sua cella, si impiccò. Aveva sessant'un anni.

THE NEW YORK TIMES, SUNDAY, SEPTEMBER 3, 1967

Ilse Koch Is a Suicide in Prison; Was Nazi 'Beast of Buchenwald'

Continued From Page 1, Col. 4

a regular review of her case that there was no ground for clemency. A month later the Bavarian Government also turned down her request for a pension.

She based her pension request on the ground that her late husband had belonged to the so-called Waffen SS (fighting élite guard) and not to the general SS organization, which the Nuremberg tribunal condemned as criminal.

In 1962 Mrs. Koch even appealed to the European Commission on Human Rights, but it declared itself incompetent to judge her case.

LAGER, GULAG E CAMPI DI CONCENTRAMENTO

AGLI INGLESI IL TRISTE PRIMATO

Durante la seconda guerra anglo-boera (1899-1902) gli Inglesi ebbero la necessità di controllare i Boeri e le loro famiglie e per questa ragione predisposero dei campi attrezzati con tende e baracche, cintati da palizzate e contrallati dai sodati dove rinchiudere le famiglie dei ribelli.
Nacquero così i campi di concentramento, un luogo di dolore e di fame dove migliaia di persone soccombettero a causa di malattie e scarsa alimentazione.
Durante la seconda guerra mondiale quasi tutte le nazioni li adottarono per rinchiudere i soldati nemici caduti prigionieri e negli Stati Uniti vennero allestiti alcuni per rinchiudere i Giapponesi , Italiani e Tedeschi residenti sul territorio americano.
Ma i campi più famosi furono quelli predisposti dal governo nazional socialista tedesco dove vennero rinchiusi oltre ai dissidenti politici, anche gli omosessuali, gli zingari e tutti i tedeschi di origine ebraica.
Questi presto si trasformarono in campi di lavoro e infine in campi di sterminio, dove le persone effettuavano una breve sosta prima di essere uccise nelle camere a gas.

LAGER A CIELO APERTO

Dopo la resa della Germania il Generale statunitense Dwight Eisenhower, divulgò una "corrispondenza urgente" facendo diventare per i civili tedeschi un crimine passibile di pena capitale il fatto di dare da mangiare ai prigionieri. L'ordine, tradotto in tedesco, fu inviato ai governi delle province, con istruzioni di trasmetterlo immediatamente alle autorità locali.
Come documentato in un libro dello storico canadese James Bacque la politica dell'esercito americano era quella di affamare i prigionieri addirittura per poterne sterminarne il più alto numero possibile fintanto che la cosa rimaneva al di fuori del controllo internazionale.
I campi di concentramento erano a cielo aperto e gli internati, centinaia di migliaia, restarono esposti a pioggia, neve e gelo per molti mesi.

La recinzione del Gulag Perm-36, rimasto come esempio di un campo di lavoro forzato in Unione Sovietica; oggi è aperto al pubblico come museo storico della repressione politica nell'epoca staliniana.

I GULAG

In Russia la deportazione in Siberia era una pena già presente ai tempi degli Zar, ma con l'avvento del regime comunista la situazione non migliorò anzi, sotto la feroce dittatura di Stalin milioni di sovietici furono internati per motivi politici in campi di lavoro in Siberia chiamati *gulag*.
Secondo alcuni calcoli verso la fine degli anni Trenta del XX secolo, erano internati nei famigerati gulag dai 10 ai 40 milioni di prigionieri.
La parola "gulag" è una sigla che indicava l'Ufficio centrale incaricato di controllare i numerosi campi di lavoro, chiamato *Glavnoe upravlenie lagerej* in russo, ovvero "direzione generale dei campi" Il campo della *Kolyma* divenne il simbolo di questo obbrobrio dopo la pubblicazione del libro di Varlam Tichonovic Salamov. Un'altro scrittore, ancora più famoso, Aleksandr Isaevic Solzenicyn, nel suo libro *Arcipelago Gulag* (1973-75), rende una testimonianza drammatica di quella realtà dove morirono milioni di uomini.

Fotografia di un campo di concentramento dove l'esercito inglese aveva rinchiuso donne e bambini durante la Seconda Guerra anglo-boera (1899-1902).

IRMA GRESE

Foto segnaletica di Irma Grese scattata dalla Polizia di Bergen-Belsen, mentre questa era in prigione in attesa del processo.

LA BELLA DI AUSCHWITZ

Dopo un'infanzia difficile, a soli 15 anni Irma scappò di casa e si iscrisse alla *Bund Deutscher Mädel*, la Lega delle ragazze tedesche, dove vigeva una ferrea disciplina adatta a forgiare ragazze pronte a combattere e a donare la vita per il successo del Terzo Reich. Frequentò un corso da infermiera e allo scoppio della guerra fu mandata al campo di concentramento di Ravensbruck, non in qualità di crocerossima ma come sorvegliante.

Irma era la più giovane e la più bella sorvegliante del campo, ma divenne presto anche una delle più crudeli: tutta la rabbia accumulata da bambina all'interno della sua famiglia, dove era continuamente dileggiata, esplose all'improvviso trovando "oggetti" su cui sfogarla. Gli "oggetti" erano i prigionieri che lei sottoponeva ad ogni genere di sevizie. Nel 1943 fu trasferita come *SS-aufseherin* ad Auschwitz e fu lì che dette il peggio di sè. La crudeltà verso chi trasgrediva, le punizioni feroci che impartiva, il suo controllo costante e puntiglioso a cui non sfuggiva niente le valsero un encomio da parte dei superiori e il passaggio a supervisore senior, il secondo ruolo più importante a cui una SS donna potesse aspirare. Aveva il compito di sorvegliare trentuno baracche che contenevano circa trentamila donne ed ebbe il permesso di eliminare tutte coloro che non rispettavano le regole. Doveva fare rapporto quotidianamente a Maximilian Grabner, capo della Gestapo ad Auschwitz. Il famigerato Blocco 11 era sotto la sua diretta giurisdizione.

SENZA RIMORSI

Nel marzo 1945 fu trasferita a Bergen-Belsen e qui venne arrestata dalle truppe inglesi il 15 aprile dello stesso anno. Accusata di numerosi crimini di guerra in base alle innumerevoli testimonianze, non dette mai segno di pentimento, anzi il suo atteggiamento strafottente irritò ancor più la corte che non ebbe nessuna esitazione a condannarla a morte. Venne giustiziata il 12 dicembre 1945 e quando il boia le infilò il cappuccio e le strinse al collo il nodo scorsoio tutti la sentirono dire *Schnell!* (Presto!)

Immaginaria ricostruzione di una SS-aufseherin coadiuvata dal suo cane; era una guardia di sesso femminile incaricata della sorveglianza notturna nei Lager nazisti.

Irma Grese e Josef Kramer, comandante del campo di concentramento di Bergen-Belsen, fotografati in prigione nell'agosto 1945.

LE *AUFSEHERINNEN*

Le sorveglianti donne dei campi di concentramento erano circa 3700 su un totale di 55000 unità; appartenevano generalmente alla classe media e venivano reclutate tramite annunci sui quotidiani tedeschi, facendo appello all'amore verso il Reich. La Bund Deutscher Mädel (Lega delle Ragazze Tedesche), fu un ottimo veicolo di indottrinamento e dalle sue fila giunsero le carceriere più spietate.

Erano generalmente conosciute con il titolo di SS-Helferin ("Aiutante Donna delle SS") e potevano ricoprire cariche analoghe ai ranghi regolari delle SS. Alcune posizioni erano quella di Rapportführerin ("Responsabile del Rapporto"), Erstaufseherin ("Guardia Maggiore"), Lagerführerin ("Comandante del Campo", un'alta carica) o Oberaufseherin, ovvero "Osservatore Avanzato".

OSKAR DIRLEWANGER

Tessera di riconoscimento di un appartenente al Dirlewanger SS-Sonderkommando den gegen die Guerilla (Unità speciale contro la guerriglia).

UN REPARTO DI ASSASSINI

Considerato da molti storici un killer psicopatico Oskar Dirlewanger fu il fondatore e comadante dell'unità penale *SS-Sturmbrigaden* che aveva il compito di rastrellare le retrovie in cerca di partigiani o sabotatori in generale. Per formare questa unità combattente reclutò in un primo momento detenuti con l'accusa di bracconaggio, consideranto i bracconieri degli ottimi esploratori, poi, dovendo aumentare il numero dei componenti, non esitò a servirsi dell'opera di detenuti per reati ben più gravi come stupro, assassinio, pedofilia e quant'altro. Ufficialmente giustificò questa scelta con la possibilità di offrire a questi delinquenti la possibilità di redimersi, in realtà si serviva proprio della loro ferocia per terrorizzare le popolazioni che incappavano nel reparto. Con le rappresaglie davano il meglio di sè: a volte rinchiudevano gli abitanti di piccoli villaggi in una casa a cui davano fuoco e coloro che cercavano di scappare dalle fiamme venivano abbattuti con i mitra, tra le risate generali.

UCCISO PER VENDETTA

Questi sistemi barbari scatenarono le proteste degli alti vertici dell'eserciroto, ma non ebbero nessun effetto fino a metà del 1941 quando Friedrich Wilhelm Krüger, comandante delle SS del Governatorato Generale, disgustato per i numerosi casi di corruzione e stragi indiscriminate, riuscì a trasferire questa banda di assassini sul fronte orientale in Bielorussia. Qui le loro azioni, anzichè diminuire di efferatezza, trovarono nuova linfa nel razzismo nei confronti della popolazione slava e si stima che durante le operazioni nel biennio 1942-1944 siano stati dati alle fiamme 200 villaggi e uccisi oltre 120000 civili. Il 1 giugno 1945 Dirlewanger venne catturato dalle truppe alleate e condotto nella prigione di Altshausen, dove dei soldati polacchi, inquadrati nelle forze di occupazione francesi, lo riconobbero e lo pestarono a morte. Era il 5 giugno 1945.

Membri delle SS si fanno fotografare in posa davanti a prigionieri impiccati nella Polonia occupata dai tedeschi.

Oskar Dirlewanger in una fotografia del 1944.

LA REPRESSIONE DI VARSAVIA

Tra le tante azioni di cui le SS-Sturmbrigaden si resero responsabili vi fu anche la repressione della rivolta di Varsavia.
Fra il 1° agosto e il 2 ottobre 1944 i polacchi si ribellarono all'occupazione tedesca a Varsavia e insorsero sperando in un aiuto delle truppe sovietiche che si trovavano a pochi chilometri di distanza.
La rivolta fu spietatamente repressa e la città quasi completamente distrutta con un bilancio di perdite di vite umane impressionante: circa 250000 polacchi vennero uccisi.

Membri dell'Unità Dirlewanger in azione con una maschera sul viso, che veniva spesso indossata dopo la crudele repressione della rivolta di Varsavia.

KHORLOOGIIN CHOIBALSAN

Khorloogiin Choibalsan in un dipinto celebrativo mentre, a cavallo, passa in rassegna le truppe dell'Esercito mongolo.

LO STALIN DI MONGOLIA

Nato nel 1895 a Dornod, la più orientale delle province della Mongolia, durante l'adolescenza era attratto della religione buddhista, fino al punto di volersi ritirare in un monastero, ma nel 1917 conobbe alcuni rivoluzionari russi e fu affascinato dalla dottrina marxista che non abbandonò mai più. Due anni dopo fondò il Partito Rivoluzionario del Popolo Mongolo e, quando nel 1921 la Mongolia fu occupata dall'Armata Rossa, Choibalsan fu nominato viceministro della guerra.

Negli anni seguenti, restando allineato sulle posizioni di Stalin, divenne sempre più potente all'interno del paese fino a esserne Presidente dal 24 gennaio 1929 al 27 aprile 1930 e Primo Ministro dal 24 marzo 1939 al giorno della sua morte (1952).

Choibalsan non era solo un seguace di Stalin, ma ne emulò anche le gesta sopratutto quando si trattò di eliminare i propri rivali politici. Secondo alcune fonti il numero delle persone uccise per motivi politici tra il 1921 e il 1941 varia da 30 a 40 mila. La sua scure si abbattè soprattutto su coloro che in gioventù erano il suo punto di riferimento, i monaci buddhisti, e nella sua furia antireligiosa ordinò di distruggere molti monumenti e tesori artistici che facevano parte del patrimonio culturale della Mongolia.

UNA GRANDE MONGOLIA

Choibalsan, da buon nazionalista, sognava di realizzare un grande stato mongolo che comprendesse, oltre ai territori già in suo possesso, anche quelli appartenenti alla Cina. Per questo entrò in guerra contro il Giappone nel 1945 e il suo esercito, insieme a quello sovietico, occupò la Mongolia interna. Tutto procedeva secondo i suoi piani ma a tradirlo fu proprio la persona da lui più ammirata, Stalin, che concluse un trattato con la Cina e impose al capo mongolo di arrestare la sua avanzata.

Negli ultimi anni della sua vita si dedicò a migliorare le infrastrutture del paese, particolarmente arretrate e promosse l'alfabetizzazione.

Morì durante una visita diplomatica a Mosca nel gennaio 1952 e Stalin ne approfittò per accusare della sua morte un gruppo di medici, che sotto tortura ammisero di aver ucciso il leader mongolo e altri dirigenti sovietici.

EROE NAZIONALE O FANTOCCIO DELL'UNIONE SOVIETICA?

Nella moderna Mongolia molte persone considerano Čojbalsan un eroe popolare ma altri sostengono che questo è dovuto solamente alla propaganda di regime e del culto della personalità di cui fu oggetto. Per alcuni Čojbalsan era soltanto un fantoccio di Stalin con una limitatissma libertà di scelta nelle sue azioni; fu anche criticato dal suo stesso Partito che, in linea con le posizioni di Nikita Krusciov durante il XX congresso del PCUS, in un congresso del 1956 lo accusò di aver commesso molti "errori", di aver dato origine al culto della personalità e di aver ordinato la repressione di correnti politiche.

Choibalsan insieme al generale russo Georgij ukov nel 1939.

Khorloogiin Choibalsan, comandante generale dell'Esercito della Mongolia, con alcuni piloti dell'Aviazione dell'Armata Rossa sovietica a Khalkhin Gol nel 1939.

Il monastero buddhista di Erdene Zuu, in Mongolia, che venne risparmiato dalla distruzione dovuta alla repressione religiosa grazie all'intercessione di Stalin.

FAMIGLIE MALAVITOSE

COSA NOSTRA

Fra i tanti prodotti esportati dall'Italia ce n'è uno di cui non andare particolarmente fieri ed è la mafia, il sistema criminale che partendo dalla Sicilia si è radicato negli Stati Uniti, per "merito" di alcune famiglie provenienti dal meridione italiano. Questa organizzazione, che da New York si è affermata in altri stati americani a partire dalla fine del XIX secolo, viene chiamata dai mass-media statunitensi, "Cosa nostra" o *National Crime Syndicate* (Sindacato nazionale del crimine) ed è in mano a poche famiglie che nel corso degli anni hanno alternato fedeli alleanze a feroci guerre per imporre il proprio monopolio criminale sulle principali città americane.

All'inizio si dedicavano al furto o all'imposizione del "pizzo", una protezione forzata, che prevedeva una percentuale sui guadagni. Poi si passò all'organizzazione di lotterie clandestine, controllo della prostituzione e traffico di liquori durante il proibizionismo. Infine Cosa Nostra mise le mani sul traffico più remunerativo di sempre e alleandosi con famiglie sudamericane avviò l'importazione di droga ricavando guadagni miliardari che copriva con attività lecite in moltissimi campi dell'economia americana.

AL CAPONE

Quando si pensa al mondo dei gangster, il primo nome che viene alla mente è Al Capone, un giovane italo americano nato a Brooklyn da genitori immigrati in America alla fine del XIX secolo. L'ambiente in cui visse la sua infanzia era particolarmente degradato e fin da adolescente Al preferì la strada del denaro facile grazie alla delinquenza a quello frutto di un onesto lavoro. Soprannominato *Scarface* per via di una cicatrice che gli deturpava il volto, si fece strada a suon di delitti e ben presto arrivò in cima alla piramide del malaffare italo-americano. Più volte incrimanato, ma sempre prosciolto, fu infine arrestato per evasione fiscale e morì poco dopo essere stato liberato.

Charles "Lucky" Luciano, artefice della divisione di New York in cinque famiglie mafiose: Bonanno, Colombo, Gambino, Genovese e Lucchese.

Fotocromia degli inizi del Novecento di Mulberry Street, l'ingresso al quartiere Little Italy di New York

L'F.B.I.

Il Federal Bureau of Investigation (Ufficio Federale di Investigazione) nacque nel 1908 per dare una risposta alle violente guerre per bande che imperversavano nelle principali città statunitensi all'inizio del XX secolo. Il suo fondatore fu Charles Joseph Bonaparte (1851–1921), ma l'uomo che gli dette sostanza fu John Edgar Hoover, un personaggio molto controverso, che però ebbe il merito di combattere con successo la malavita americana, che fu a capo dell'F.B.I. dal 1935 al 1972.

Gangster americani assistono alle corse di cavalli durante il proibizionismo.

PERSONAGGI CRUDELI DAGLI ANNI '50 A OGGI

Quando sembrava che le brutture e i massacri fossero solo un ricordo del passato apparvero sulla scena internazionale personaggi inquietanti che nel loro sogno di onnipotenza trascinarono alla rovina intere nazioni massacrandone la popolazione. Passano i secoli, il mondo è notevolmente-progredito, ma non ha ancora trovato l'antidoto contro la malvagità.

SERIAL KILLER DAL NOVECENTO A OGGI

PAZZI VISIONARI

Molti sono i motivi che spingono un uomo a uccidere un proprio simile: odio, vendetta, bramosia di denaro, ma nel caso dei serial killer esistono motivi più reconditi, che trovano la loro essenza nella mente contorta degli assassini. Molti di loro credono di dover compiere una missione, per conto di Dio o del Diavolo, e purificare il mondo eliminando tutte quelle che per loro sono brutture. Uno di questi era Charles Manson, che aveva fondato una setta di ispirazione naturalista, e con i suoi componenti compì una strage a Cielo Drive, un ricco quartiere di Los Angeles, dove abitava il regista cinematografico Roman Polanski con sua moglie, l'attrice Sharon Tate. La giovane donna, incinta di otto mesi, venne uccisa con quattro suoi amici; il regista si salvò perché quella sera era all'estero. Dopo questo eccidio la banda compì altre stragi fino a quando, nel 1969, Manson fu arrestato, processato e condannato all'ergastolo.

CANNIBALI E VAMPIRI

Un altro caso che fece parlare molto per l'efferatezza dei crimini fu quello che vide coinvolto Andrei Chikatilo, che si macchiò di ben 53 delitti, uccidendo donne, bambini e adolescenti di ambo i sessi fra il 1978 ed il 1990. Dopo il suo arresto scoprirono che il russo si era cibato della carne di alcune sue vittime. Fu condannato a morte nel 1994. Sessanta anni prima era stato condannato alla sedia elettrica un altro "mostro", Albert Fish, detto anche il "vampiro di Brooklyn" che si vantò di aver molestato più di 400 bambini e di averne uccisi oltre 100 fra il 1924 e il 1932, anche se la polizia potè trovare le prove solo di pochi delitti. Il suo soprannome era dovuto alla particolare efferatezza del suo "modus operandi" poiché non si limitava ad uccidere ma amava torturare e seviziare le proprie vittime. Fu giustiziato il 16 gennaio del 1936 sulla sedia elettrica.

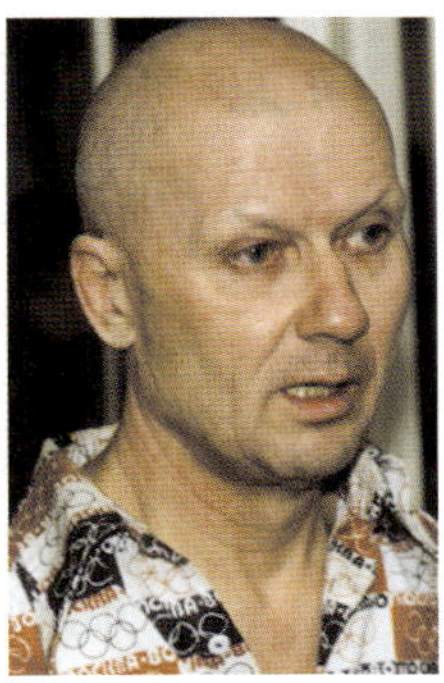

Il russo Andrei Romanovich Chikatilo, detto il "macellaio di Rostov,", che operò in Unione Sovietica fra il 1978 e il 1990.

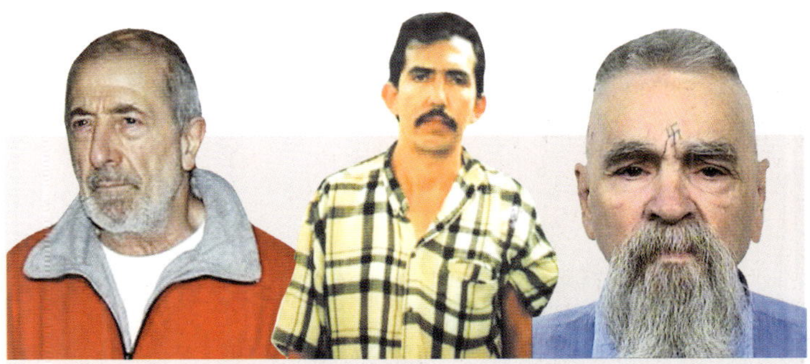

Da sinistra: l'italiano Donato Bilancia, responsabile di 17 omicidi e condannato a 13 ergastoli; il colombiamo Luis Garavito, sopranminato la Bestia", che uccise ben 147 ragazzi. condannato "soltanto" a 40 anni di reclusione; Charles Milles Manson, il criminale statunitense responsabile dell'eccidio di Cielo Drive, in cui fu assassinata amche la famosa attrice holliwoodiana Sharon Tate, moglie del regista Roman Polanski.

BARBABLÙ

Henri Landru, soprannominato Barbablù, visse in Francia a cavallo fra il XIX e il XX secolo e passò alla storia per aver assassinato alcune signore che adescava con la promessa di un matrimonio.
Durante il processo non ammise mai gli assassinii chiedendo che gli venissero mostrati i cadaveri, ben sapendo che ciò era impossibile perché aveva bruciato i corpi delle proprie vittime.
Il 24 febbraio 1922 venne eseguita la condanna a morte tramite ghigliottina. La sua testa mozzata e mummificata è conservata nel Museum of Death di Hollywood.

Bela Kiss, un assassino seriale ungherese, soprannominato il "mostro di Czinkota", autore di 24 omicidi e mai catturato.

Lo statunitense Albert Fish, il "vampiro di Brooklin" o anche "il maniaco della Luna"; la maggior parte delle sue vittime era quasi tutti afroamericani

RAFAEL E RAMFIS TRUJILLO

Targhetta propagandistica di celebrazione del venticinquesimo anniversario dell'"Era di Trujillo", emessa nel 1955 per essere appesa sulle pareti delle case private.

IL BENEFACTOR

Rafael Trujillo entrò giovanissimo nell'esercito e divenne colonnello della polizia dominicana; si impadronì del potere con un colpo di stato militare nel 1930, rovesciando il presidente Horacio Vasquez.
Fino alla morte rimase dittatore assoluto della Repubblica Dominicana, pur esercitando le funzioni di presidente solo dal 1930 al 1938 e dal 1942 al 1952. Si era fatto conferire il titolo di *Benefactor* (Benefattore) anche se i suoi avversari politici non lo ritennero mai tale. Infatti sotto la sua dittatura, caratterizzata da un violento anticomunismo e da un enorme sfruttamento della forza lavoro, morirono più di 50.000 persone, tanto da considerare il suo governo uno dei più sanguinari di tutta l'America Latina. Il suo comportamento sollevò innumerevoli critiche negli ambienti internazionali e perfino l'amministrazione statunitense, allora guidata da John Kennedy, pensò ad un modo per rimuoverlo. Non ce ne fu bisogno perché la notte del 30 maggio 1961 una pallottola pose fine alla sua carriera e alla sua vita. Prima della morte era riuscito, assecondato da una famiglia voracissima, ad accumulare circa 800 milioni di dollari, messi al sicuro in banche straniere.

UN PLAY BOY AL POTERE

Il giorno della morte del padre, Ramfis Trujillo si trovava all'estero, dove stava sperperando quei soldi che il *benefactor* aveva accumulato impoverendo la popolazione dominicana. Appresa la notizia saltò sul primo aereo e la mattina del 31 maggio, con l'aiuto Johnny Abbes Garcia, capo del servizio di intelligence militare, s'insediò nella residenza presidenziale, pronto a succedere al padre. Si dette subito da fare per eliminare tutti coloro che erano coinvolti nell'assassinio del genitore, e in pochi mesi ne eliminò parecchi, ma le pressioni internazionali lo costrinsero alle dimissioni alla fine di quello stesso anno.

L'auto sulla quale viaggiava Rafael Trujillo crivellata di colpi dopo l'attentato del 30 maggio 1931 nel quale venne ucciso il dittatore.

Rafael Leónidas Trujillo, soprannominato oltre che el Benefator anche el Jefe.

MASSACRO DEL PREZZEMOLO

Per rappresentare in modo inequivocabile la brutalità del regime di Trujillo si può citare il massacro del prezzemolo con il quale in pochi giorni la milizia dominicana attuò una pulizia etnica nei confronti degli haitiani, massacrandone più di 20000. Desideroso di eliminare gli haitiani residenti nella repubblica dominicana, il dittatore Trujillo inviò in giro i suoi soldati con un ramo di perejil (prezzemolo) a chiedere a tutti coloro che incontravano cosa fosse quella pianta. Chiunque non sapesse pronunciare perfettamente quella parola: "perejil", veniva accusato di essere di provenienza haitiana ed eliminato anche subito sul posto.

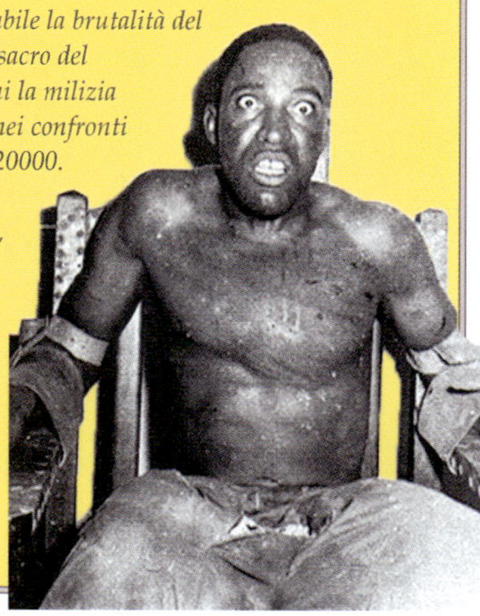

Rafael Leónidas Trujillo Martínez più noto come Ramfis Trujillo, figlio del dittatore.

POL POT

FRATELLO NUMERO 1

L'ultima grande barbarie del XX secolo fu quella che vide coinvolto, suo malgrado, il popolo cambogiano; tra il 1975 e l'inizio del 1979, durante il regime tenebroso e maniacale di Pol Pot, due milioni di uomini e donne, quasi un terzo della intera popolazione, furono brutalmente eliminati.
Quando i Kmer Rossi presero il potere in Cambogia Pol Pot, che si faceva chiamare "Fratello numero 1" instaurò la Repubblica Democratica della Kampuchea, lanciando l'idea, emulando Mao, del "super grande balzo in avanti". Secondo il dittatore infatti, il comunismo per affermarsi doveva ricominciare da una radicale riforma agraria. I Khmer Rossi allora costrinsero gli abitanti delle città ad abbandonare le loro abitazioni e a trasferirsi in campagna dove dovevano lavorare per 18 ore al giorno con un turno di riposo ogni dieci giorni. Come si può ben capire questi "lavori forzati" per una popolazione non abituata, significarono fatica e morte, senza contare che non era tollerata nessuna forma di opposizione, che veniva pagata con la morte. Venne sterminata tutta la classe dirigente precedente, gli intellettttuali furono massacrati: saper leggere e scrivere era considerato un reato passibile con la morte. Questo incubo, questo ritorno al medioevo per la martoriata popolazione cambogiana terminò nel 1979 con l'intervento dell truppe vietnamite che abbatterono il regime dei Kmer Rossi. Pol Pot fuggì e inspiegabilmente trovò l'appoggio sia degli Stati Uniti sia della Cina, contrari alla politica vietnamita; morì per un infarto nel 1998 poco prima di essere consegnato ad un Tribunale internazionale.

Pol Pot in una fotografia scattata nella Cambogia occidentale nel 1989, anno in cui il governo del Vietnam fece ritirare le truppe che occupavano parte del paese da 10 anni.

Uno dei metodi di tortura dei Khmer Rossi illustrati da Vann Nath, che sopravvisse alla prigione di sicurezza S-21, oggi sede del Museo del Genocidio Tuol Sleng. Vann Math è anche l'autore di un libro dove racconta il suo anno di prigionia.

FAME, MALATTIE E PERSECUZIONI

Non appena i Khmer prendono il potere trasformano la Cambogia in un immenso campo di lavoro, dando il via a monumentali opere idrauliche per la riconversione alla monocultura risicola di tutte le zone agricole. Tutto questo comporta in breve tempo una terribile carestia e conseguentemente la diffusione delle malattie legate ad essa. In migliaia muoiono di fame o per malattia e, dato che i livelli di produzione previsti non vengono raggiunti, si innesta anche una caccia ai responsabili che si trasforma in terribili purghe interne, in cui nessuno è più sicuro: basta una voce, un sussurro perché una vita venga spezzata, senza alcuna possibilità di difesa.

Prove del genocidio perpetrato dai Khmer Rossi in Cambogia tra il 1975 e il 1979 con esecuzioni, prigionie, carestie, epidemie, cattive condizioni di vita e episodi di pulizia etnica, principalmente ai danni dell'etnia vietnamita.

ECCESSI DELLE RIVOLUZIONI

RIVOLUZIONE E VIOLENZA

"La rivoluzione non è un pranzo di gala, non è una festa letteraria, non è un disegno o un ricamo, non si può fare con tanta eleganza, con tanta serenità e delicatezza, con tanta grazia e cortesia, la rivoluzione è un atto di violenza." Così ribatteva Mao Zedong a coloro che segnalavano gli eccessi della rivoluzione in Cina e forse potremmo trovarci d'accordo con il leader cinese, ma se esaminiamo il numero delle vittime ci accorgiamo che molto spesso, in nome di un ipotetico progresso, i rivoluzionari si sono posti sullo stesso piano, se non peggio, di coloro che volevano combattere. Senza considerare che in molti casi il trionfo di una fazione ha significato la fine anche di quei compagni che solo pochi giorni prima condividevano gli stessi ideali. Il "terrore"e la repressione nella Vandea da parte della Francia rivoluzionaria e le "purghe " staliniane, non sono che un limitato esempio di questa prassi.

LA RIVOLUZIONE CULTURALE

Nel 1966 Mao Zedong rilanciò l'applicazione ortodossa del pensiero marxista-leninista contro dell'apparato burocratico del Partito comunista cinese e il suo appello fu seguito da giovani studenti, operai e contadini che sventolando il "Libretto rosso", una antologia di citazioni di Mao, iniziarono a criticare prima e processare pubblicamente poi, gli esponenti di spicco del Partito comunista. Questi erano costretti a autocritica e alle dimissioni, sovente seguite da un periodo di rieducazione presso i villaggi contadini più sperduti. In pochi mesi le Guardie Rosse (così erano chiamati i giovani seguaci di Mao) smantellarono il sistema scolastico e universitario contestando ogni forma di autorità prendendo di mira soprattutto gli intellettuali, trasferiti a forza nelle campagne per essere "rieducati".

Lenin arringa i soldati dell'Armata Rossa e i marinai della base navale di Kronstadt a San Pietrobuirgo nel 1917.

I vandeani combattono contro le forze repubblicane a Le Mans in un dipinto del 1852 di Jean Sorieul.

I MAU-MAU

Dopo la seconda guerra mondiale, presso la tribù dei Kikuyo in Kenya, si sviluppò il movimento segreto dei Mau-Mau, che si poneva l'obiettivo di cacciare i bianchi dalle loro terre e conquistare l'indipendenza dalla Gran Bretagna. Gli Inglesi si erano impadroniti di quelle terre e adottavano una politica di segregazione razziale con metodi molto autoritari. La risposta degli africani fu estremamente violenta, con assalti alle fattorie isolate e massacri di coloni, e dilagò il terrore fra i proprietari terrieri. Le autorità britanniche reagirono con estrema durezza e con massacri indiscriminati che aumentarono ancor di più il solco tra le due etnie.

Grande Rivoluzione Culturale della repubblica Popolare Cinese (1966-1969): il segretario provinciale del Partito Wang Yilun, uno dei più potenti leaders di Heilongjiang, è severamenre ripreso e criticato da Li Zhensheng, acclamato dalle Guardie Rosse. Oltre alle perdite umane, in questo periodo furono arrecati ingenti danni alla cultura con persecuzione di insegnanti, scrittori, artisti e intellettuali.

"PAPA DOC" DUVALIER

DA MITE DOTTORE A FEROCE DITTATORE

Giunto al potere tramite libere elezioni, François Duvalier, questo potere non lo lasciò più fino alla morte e, se è possibile, anche oltre visto che a succedergli fu suo figlio Jean-Claude. Nel 1957 questo medico di Port-au-Prince vinse le elezioni presidenziali con un programma populista che prevedeva vantaggi per la comunità nera, vittima da sempre dell'elite francofona. Quasi subito dovette sventare un complotto militare che voleva estromettero e ciò gli dette modo di sostiture i vertici militari con persone di sua fiducia e soprattutto costituire una milizia rurale che contava tra i 9000 e i 15000 elementi, chiamati Volontari per la sicurezza nazionale (VSN, *Volontaires de la Sécurité Nationale*), ma comunemente conosciuti come *Tonton Macoute* (un termine di origine creola che indica un orco mitologico che rapisce la gente in piena notte, facendola sparire per sempre). Fu così che l'amorevole medico si trasformò in un feroce dittatore che con il ricatto si impadronì di enormi ricchezze impoverendo ancor più un paese che è sempre stato tra i più poveri al mondo. Ogni opposizone, anche la più blanda, veniva repressa e gli sventurati che osavano contrastarlo venivano inviati a Fort Dimanche, o Fort Mort come venne soprannominato, il quartier generale dei Tonton Macoute, per essere torturati e uccisi.

DA PADRE IN FIGLIO

Sfruttando l'ignoranza e la superstizione di una popolazione largamente analfabeta, alimentò il suo culto della personalità arrivando a distribuire migliaia di volantini in cui veniva ritratto insieme a Gesù Cristo che gli posava una mano amorevole sulla spalla e sotto campeggiava una scritta: "Ho scelto lui". François Duvalier morì nel 1971 non prima di aver nominato suo figlio Jean-Claude Duvalier, detto "Baby Doc" suo erede e questi governò con gli stessi metodi del padre fino al 1986.

Giorni prima delle elezioni che si dovevano tenere a Haiti nel 1987 un gruppo di vigilanti catturò ed uccise un membro Milizia dei Volontari della Sicurezza Nazionale, più nota con il nome di Tonton Macoute. Mentre i passanti guardavano, lo uccisero con coltelli e machete e poi ricoprirono il corpo con del legno e delle gomme che diventano la sua pira funebre.

TERRORE E VUDÙ

Duvalier capì l'influenza che gli stregoni vudù esercitavano sulla popolazione, al 95% analfabeta, e la sfruttò a suo favore facendosi passare per la reincarnazione di Baron Samedi, il più potente spirito del vudù, padrone delle anime dei morti. Dove non arrivava la magia arrivava il terrore a convincere la popolazione ad assecondarlo. A questo provvedevano i tonton macoutes, criminali assoldati dalla polizia politica per intimorire, torturare ed eliminare fisicamente gli avversari. Si pensa che durante il suo governo più di 30000 persone siano state uccise senza alcun processo e a migliaia vennero torturate e imprigionate per i più futili motivi.

Francois Duvalier verso la fine degli anni Settanta del secolo scorso.

Sfilata dei Tonton Macoutes in supporto del presidente Francois Duvalier nell'aprile del 1970.

ANASTASIO SOMOZA DEBAYLE

UNA DINASTIA AL POTERE

Nel piccolo stato del Nicaragua la famiglia Somoza detenne il potere per circa mezzo secolo: iniziò nel 1933 con Anastasio Somoza García, proseguì nel 1956 con Luis Somoza Debayle e infine toccò ad Anastasio Somoza Debayle che dal 1967 al 1979 guidò il paese.
L'ultimo rampollo della famiglia Somoza aveva studiato e si era laureato nella prestigiosa Accademia di West Point; nel 1966 era tornato in patria richiamato dal fratello e nel maggio dell'anno successivo fu eletto presidente per la prima volta. Governò il paese con il pugno di ferro, come aveva fatto il padre, reprimendo con violenza ogni minimo dissenso, utilizzando corpi speciali dell'esercito che non doverano rendere conto a nessuno tranne che a lui. Nel 1972 il Nicaragua fu colpito da un violentissimo terremoto che distrusse gran parte della capitale Managua, uccidendo circa 10.000 persone. Subito le altre nazioni aderirono ad un'operazione di soccorso per le vittime e per ricostruire il paese, ma gran parte, se non la totalità, delle somme inviate finirono nelle tasche già colme della famiglia Somoza.
Nonostante questo, nel 1974 Anastasio fu rieletto presidente, anche perché aveva eliminato qualsiasi partito di opposizione. A questo punto la Chiesa si schierò contro il regime e anche gli Stati Uniti, che avevano sempre appoggiato in precedenza la famiglia Somoza, con il presidente Jimmy Carter gli tolsero l'appoggio. Nel 1978, l'opposizione anti-Somoza assunse la forma di una rivolta popolare, mentre le azioni del Fronte Nazionale di Liberazione Sandinista (FSLN) si facevano sempre più pressanti, tanto che il 17 luglio 1979 Somoza consegnò le sue funzioni ad un presidente provvisorio, Francisco Urcuyo, e fuggì nella sua lussuosa residenza a Miami Beach, in Florida. Gli ultimi mesi della guerra civile avevano lasciato sul campo 30.000 morti. Dopo Miami, andò alle Bahamas e infine in Paraguay dove fu assassinato nel settembre del 1980.

Murales a celebrazione della rivoluzione che destituì Somoza, che si trova lungo una strada a sud di Managua.

Anastasio Somoza nel 1978, prima del trionfo della Rivoluzione Sandinista in Nicaragua.

Il generale Anastasio Somoza, chiamato con il diminutivo di "tachito" da suo padre.

Somoza durante una festa in suo onore con sua moglie Salvadora Debayle alla sua sinistra e la nuora Isabel Urcuyo de Somoza a destra.

L'ATTENTATO

Dopo essere fuggito negli Stati Uniti il 19 agosto 1979 arrivò in Paraguay, dove il dittatore Alfredo Stroessner gli concesse asilo politico.
Si stava preparando ad avviare una nuova vita in Paraguay dove aveva acquistato 12000 ettari di terreno nella regione del Chaco per sviluppare un complesso agricolo, quando il 17 settembre 1980 venne intercettato da un gruppo di guerriglieri guevaristi guidati dall'argentino Enrique Gorriarán Merlo (nome di battaglia Ramon) che in precedenza era stato uno dei dirigenti principali del gruppo marxista Ejército Revolucionario del Pueblo.
L'auto su cui viaggiava Somoza, una Mercedes-Benz Classe S non blindata, venne colpita da un razzo anticarro RPG-7 sparato da Hugo Irurzún (Capitán Santiago); l'ex-dittatore morì sul colpo.

EVENTI

POLIZIE SEGRETE

IL BRACCIO ARMATO DEL POTERE

Tutti i tiranni in tutti i tempi si sono serviti di reparti speciali che facevano capo solo a loro; gli appartenenti di questi corpi erano liberi di compiere qualsiasi misfatto, sicuri della completa immunità, anzi erano spinti dai loro capi a comportamenti brutali per incutere terrore tra la popolazione e inibire qualsiasi velletità di protesta. I dittatori dell'età contemporanea, a qualsiasi latitudine, hanno poggiato il loro potere proprio su queste organizzazioni che nell'ombra o alla luce del sole davano la caccia agli oppositori, li minacciavano, li arrestavano , li torturavano e nella maggior parte dei casi li uccidevano, senza che nessuno potesse farci nulla.

LA CEKA

La *Crezvycajnaja komissija* (Commissione straordinaria) era la polizia segreta russa creata nel 1917 non appena i bolscevichi erano riusciti a prendere il potere. In un momento in cui la rivoluzione si era appena avviata occorreva al gruppo dirigente un corpo di polizia capace di individuare e distruggere i potenziali oppositori. I metodi usati furono certamente cruenti , se si pensa che nel biennio 1918-1919 le persone giustiziate furono circa 1000 al mese. Dal 1922 venne sostituita dal Direttorato politico dello Stato (GPU), facente parte dell'NKVD.

La Lubjanka, il nome con cui è noto un palazzo di Mosca, celebre per essere sede dei servizi segreti sovietici prima e russi poi; ha una fama sinistra, legata alle torture e ai crudeli interrogatori che si tennero al suo interno durante l'epoca stalinista.

L'OVRA

Anche Mussolini, come tutti gli altri dittatori, ebbe la sua polizia segreta che si chiamava Organizzazione per la Vigilanza e la Repressione dell'Antifascismo (OVRA) che operò a partire dal 1930. Si rese responsabile oltre che della persecuzione degli antifascisti in Italia, anche di operazioni all'estero come quella condotta in Francia che causò la morte dei fratelli Carlo e Nello Rosselli.

Oppositore politico arrestato dalla Sigurimi, la polizia segreta albanese del periodo 1943-1991. Questa organizzazione fu creata dal dittatore Enver Hoxha nel 1945 con combattenti della resistenza che erano da lui considerati più affidabili di altri.

Spilla con il logo della Ceka, il corpo di polizia politica segreta sovietico creato da Lenin nel 1917.

Macchina fotografica-spia usata dalla STASI, l'organizzazione di sicurezza e spionaggio della Repubblica Democratica Tedesca (1949-1990).

LA GESTAPO

La Geheime Staatspolizei (Polizia segreta di stato) fu costituita in Prussia nel 1933 da Hermann Goering e l'anno dopo estese la sua attività sul tutto il territorio tedesco. Nel 1936 entrò nell'orbita delle SS per cui passò sotto il controllo di Heinrich Himmler che divenne capo incontrastato di tutte le polizie. In quanto tale, Himmler divise l'apparato poliziesco in due aree, la Sicherheitspolizei, polizia di sicurezza diretta da Reinhard Heydrich e la polizia d'ordine, la Ordnungspolizei, diretta da Kurt Daluege.

CARLOS MANUEL ARANA OSORIO

LEGGE E ORDINE

Laureato all'Accademia Militare del Guatemala nel 1939, fu sottosegretario della Difesa dal 1957 al 1958 e tra il 1966 e il 1967 diressse la campagna contro i guerriglieri nell'area di Zacapa e della Sierra de las Minas, meritandosi per questo il soprannome di "Sciacallo dell'est", avendo sovrainteso all'uccisione di oltre 8000 contadini, che si erano ribellati o avevano appoggiato i guerriglieri. Nel 1969 abbandonò l'incarico di ambasciatore in Nicaragua per partecipare alle elezioni presidenziali. Fu il candidato del Movimento di Liberazione Nazionale (MLN), il partito di cui era membro e del Partito istituzionale democratico (PID), entrambi schierati su posizioni di estrema destra. Vinse le lezioni con il 43% dei voti, seguito dal candidato del Partito Rivoluzionario governativo, il centrista Mario Fuentes Pieruccini (35%) e dal colonnello Jorge Lucas Caballero per la Democrazia cristiana (22%). Appena eletto, nel suo discorso di investitura, annunciò di voler realizzare il suo programma che si basava su due parole: "Legge e Ordine"; per falo si servì soprattutto di milizie speciali che durante il suo mandato uccisero o fecero sparire circa 20000 guatemaltechi.

STATO D'ASSEDIO

Per controllare ancor più il paese il 22 novembre 1970 decretò lo stato d'assedio, con il quale venivano concessi poteri speciali alle forze militari. Nonostante ciò i due principali gruppi guerriglieri di sinistra l'Organizzazione del Popolo nelle Armi (ORPA) e l'Esercito della Guerriglia del Popolo (EGP) aumentarono le loro azioni di guerriglia, incontrando sempre più il favore del popolo. Nel 1974 Osorio lasciò la presidenza al generale Kjell Laugerud García, restando una delle persone più influenti del paese. Morì nel 2003.

Sciopero degli studenti contro la dittatura di Osorio nel 1973.

Abitanti della regione di Ixil, in Guatemala, trasportano i resti dei loro cari dopo una riesumazione di salme di persone uccise durante la guerra civile.

Carlo Manuel Arana Osorio, sullo sfondo il Palacio Nacional di Città del Guatemala nel 1970, sede presidenziale.

LA GUERRA CIVILE IN GUATEMALA

In Guatemala venne combattuta una lunga guerra civile dal 1960 fino agli accordi di pace che vennero firmati il 29 Dicembre 1996 dopo una lunga trattativa durata 4 anni. Il conflitto vide contrapporsi, da un lato il governo del Guatemala e dall'altro diversi gruppi di ribelli politicamente orientati a sinistra. Quest'ultimi erano sostenuti dalla popolazione Maya e ladina, le quali formavano insieme la classe povera di contadini. Le forze governative del Guatemala sono state condannate per aver commesso genocidio nei confronti della popolazione Maya e per violazione dei diritti umani verso i civili. Per contratare la guerriglia e le azioni dei miliziani nei centri abitati e nella capitale furono costituite un certo numero di cosiddetti "squadroni della morte", gestiti direttamente dalla polizia e dai servizi segreti. Nel periodo tra il 1966 e il 1973, oltre 42000 civili guatemaltechi furono uccisi o scomparvero.

FRANCISCO MACÍAS NGUEMA

IL PRIMO PRESIDENTE

Il primo presidente della Guinea Equatoriale, apparteneva ad una famiglia povera e in gioventù si iscrisse al Partito Socialista Guineano schierandosi sempre dalla parte dei più miseri. Fu eletto sindaco di Mongomo e successivamente fece parte del parlamento territoriale, sempre sotto il governo coloniale spagnolo. Nel marzo 1968 il governo spagnolo annunciò che la Guinea equatoriale avrebbe ottenuto la piena indipendenza dopo la ratifica della costituzione, avvenuta l'11 agosto 1968. Nguema partecipò alle elezioni presidenziali in rappresentanza dei partiti di sinistra e ottenne la vittoria contro Bonifacio Ondo Edu, presidente durante l'Amministrazione spagnola dal 1964 al 1968. Subito iniziarono i contrasti con il governo spagnolo, perché Nguema accusò alcuni uomini d'affari spagnoli di diversi reati; la tensione salì fino al punto che minacciò di cacciare dal paese tutti i cittadini spagnoli che erano più di 70000. Di fronte ad una presa di posizione del governo spagnolo ne approfittò per decretare lo stato d'emergenza e imporre un cambiamento della costituzione. Nel 1971 con un emendamento alla costituzione del Paese si dichiarò "presidente a vita".

AUSCHWITZ AFRICANA

Durante la sua presidenza la nazione venne soprannominata la "Auschwitz africana"; le esecuzioni politiche si susseguirono e cominciò la fuga dal paese. L'aria era talmente irrespirabile che persino la moglie di Nguema nel 1976 fuggì insieme ad altre migliaia di persone: si pensa che un terzo della popolazione guineiana trovò rifugio oltre confine. La sua paranoia lo portò a vedere complotti in ogni dove, per cui mise persone di sua fiducia o familiari nelle posizioni chiave dello Stato, indipendentemente dalla loro competenza. In men che non si dica la situazione economica, già precaria, precipitò riducendo alla fame la popolazione. Il 3 agosto 1979, il nipote di Nguema, Teodoro Obiang Nguema Mbasogo, guidò un colpo di stato militare contro di lui. Nguema fu catturato e dopo un processo sommario fu condannato a morte e giustiziato.

IL NIPOTE, TEODORO OBIANG NGUEMA MBASOGO

Terzo di dieci figli, è nato nel 1942 nella città di Acoacám; frequentò l'Accademia Militare di Saragozza e divenne uno dei primi ufficiali africani nella Guardia Territoriale della Guinea Equatoriale, che al tempo era ancora una colonia spagnola, ma che godeva già dell'Autonomia Interna dal 1964. Il 12 ottobre 1968, giorno dell'indipendenza, assunse la carica di capo delle Forze Armate, carica che il 3 agosto 1979 gli permise di guidare il colpo di Stato militare che destituì suo zio Francisco Macías Nguema.

Aiutato da Omar Bongo, dittatore del Gabon sostituì lo zio nella carica e il 10 ottobre istituì il "Consiglio Militare Supremo" da lui presieduto in qualità di capo delle Forze Armate. Come nuovo Presidente riuscì ad ottenere aiuti internazionali e instaurò buoni rapporti con la Spagna garantendosi pieni poteri con il referendum costituzionale del 15 agosto 1982.

Francisco Macias Nguema seduto davanti al palazzo presidenziale mentre assiste a una parata militare della milizia.

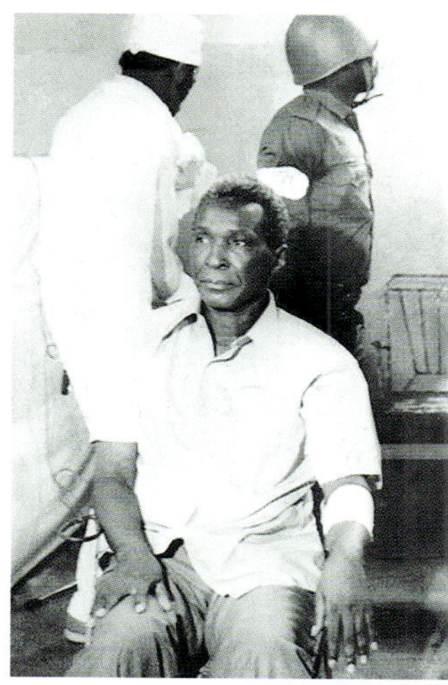

Francisco Macias Nguema nel 1979, in prigione in attesa del processo che lo condannerà a morte per genocidio.

Timoroso della perdita del potere, per proteggere la sua giovane famiglia, Francisco Macias Nguema chiese al governo della Corea del Nord di accogliere i suoi due figli, che furono ammessi a una scuola prestigiosa gestita dal regime: la stessa accademia militare frequentata da Kim Jong-il prima di diventare dittatore del Paese.

IDI AMIN DADA

IL GIGANTE CANNIBALE

Dopo un'infanzia difficile, Idi Amin si arruolò nell'esercito britannico nel 1946, nel corpo dei *King's african rifles* e, grazie anche al suo fisico possente di 196 cm di altezza per 120 kg di peso, passò dalla fureria al ring, ottenendo il titolo di campione dei pesi massimi dell'Uganda. Scalò anche le gerarchie militari e quando il suo paese ottenne l'indipendenza, lui era uno dei due soli ugandesi a essere stati elevati al rango di ufficiali. Nel 1971, approfittando di un viaggio all'estero del presidente Milton Obote, prese il potere con un colpo di stato, evento salutato con gioia dalle potenze occidentali visto che il presidente Obote si stava avvicinando troppo ai paesi comunisti. La gioia durò poco perché da subito emerse l'anima selvaggia del nuovo presidente che istituì una famigerata polizia personale, lo *State Research Bureau*, con la quale iniziò a perseguitare ogni possibile oppositore. Si dice che gettasse i resti dei cadaveri dei suoi principali oppositori ai coccodrilli nel lago Vittoria, che conservasse i crani degli stessi nei suoi frigoriferi, che si cibasse delle loro carni. Il primo a parlare del dittatore "cannibale" fu Henry Kyemba, suo segretario particolare e ministro della sanità.

IL TRACOLLO

In politica estera, dopo che le potenze occidentali presero le distanze da lui, si avvicinò alla Libia di Gheddafi e all'Unione Sovietica, cercando sempre appoggi per una politica espansionistica. Dopo un fallito tentativo di attaccare il Kenya, riversò le sue attenzioni sulla Tanzania, rivendicando il possesso della provincia di Kagera. Non aveva fatto i conti con l'esercito tanzaniano che invase l'Uganda e pose fine alla sua dittatura. L'11 aprile 1979 Amin fu costretto a rifugiarsi in Libia; nel 1981 fu trasferito a Gedda, in Arabia Saudita, dove rimase fino alla morte in ospedale il 16 agosto 2003.

Una scena del documentario Général Idi Amin Dada, realizzato nel 1974 dal regista e produttore di origine svizzera Barteb Schroeder.

Pubblica esecuzione degli oppositori del regime, Tom Masaba e Sebastino Namirundo, accusati di terrorismo, nel febbraio del 1973.

IL RAID ISRAELIANO IN UGANDA

A Entebbe, in Uganda, il 27 giugno 1976 ci fu un dirottamento di un aereo francese partito da Atene con destinazione Parigi organizzato dai Fronte Popolare per la Liberazione della Palestina che l'intera comunità internazionale condannò duramente. I dirottatori fecero atterrare l'aereo a Entebbe dato che Amin simpatizzava per i Palestinesi. Tra il 30 giugno e il primo luglio tutti gli ostaggi furono rilasciati tranne 96 passeggeri di origine israeliana e i membri dell'equipaggio dell'Air France, ma nella notte tra il 3 e 4 luglio l'intervento delle "teste di cuoio" israeliane mise fine al dirottamento liberando gli ostaggi tra cui ci furono tre vittime. Il successo dell'operazione israeliana contribuì in maniera sostanziale alla caduta del regime di Amin.

Il dittatore dell'Uganda Idi Amin nel 1972 fotografato seduto in costume da bagno a prendere il sole mentre sta mangiando un sandwich.

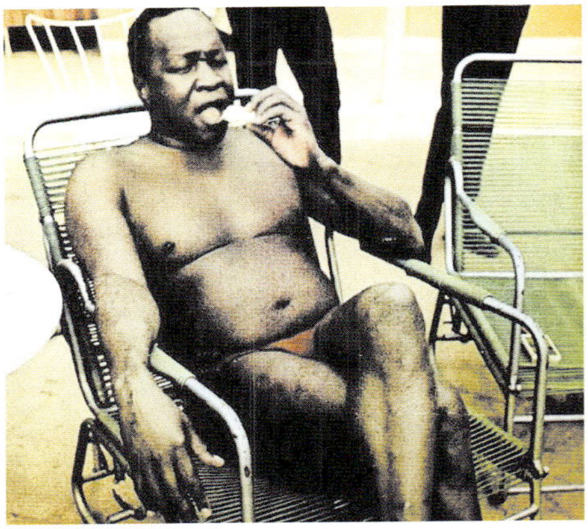

BOMBARDAMENTI SULLE CITTÀ

COVENTRIZZARE

Nella lunga storia della guerra i centri abitati che si trovavano lontani dallla linea del fronte raramente venivano colpiti perché fino all'inizio del secolo scorso non si possedevano gli strumenti adatti. Con l'avvento dell'aviazione la situazione mutò e dopo aver superato i primi problemi morali le gerarchie militari di tutti i paesi non si crearono problemi a colpire i centri abitati, sia per neutralizzare i centri logistici del nemico sia per terrorizzare la popolazione civile. Nel 1911 gli italiani impegnati nella guerra contro l'impero turco per la conquista della Libia, sperimantarono questa tattica, anche se le bombe erano allora di limitata potenza. Uno dei primi bombardamenti sistematici fu quello attuato dai pilioti della Luftwaffe sulla città spagnola di Guernica nel 1936 e fu una prova generale di quello che sarebbe avvenuto qualche anno dopo durante la Seconda guerra mondiale. In quegli anni fu coniato un termine per indicare un bombardamento a tappeto: "coventrizzare" derivato dalla cittadina inglese di Coventry, rasa al suolo dall'aviazione tedesca. Da allora gli inglesi cercarono la loro vendetta e la trovarono nel 1945 distruggendo Dresda.

LE BOMBE INTELLIGENTI

Dopo i massacri di popolazioni inermi della Seconda guerra mondiale e vista anche l'inutilità di certi bomabardamenti generalizzati verificata per esempio durate la guerra del Vietnam, gli alti comandi hanno optato per un diverso tipo di arma, una bomba programmata per colpire un bersaglio specifico, limitando al massimo i danni collaterali, cioè quei danni provocati dall'esplosione ma non voluti. Questo tipo di bombe sono state usate soprattutto nella guerra del Golfo per limitare al minimo le vittime civili.

L'Air Chief Marshal (Maresciallo capo dell'Aria) Sir Arthur Harris fotografato nel 1944. Fu a capo del Bomber Command della Royal Air Force britannica tra il febbraio 1942 e il settembre 1946.

HIROSHIMA E NAGASAKI

La prima bomba atomica, la cui potenza era pari a 20.000 t di tritolo, fu fatta esplodere sperimentalmente ad Alamogordo, negli Stati uniti, il 12 luglio del 1945. Verificatane la potenza distruttrice, le forze armate statunitensi, con l'autorizzazione del presidente Harry Truman, la utilizzarono su due città giapponesi (il 6 agosto su Hiroshima e il 9 agosto su Nagasaki) con la giustificazione, assai poco attendibile, di velocizzare la fine della guerra e la resa del Giappone.

Le vittime, per lo più civili, furono subito migliaia, ma per parecchi anni molte persone morirono per le terribili conseguenze delle radiazioni di cui non si conoscevano ancora gli effetti nel tempo.

Ogni volontà di resistenza del popolo e del governo giapponese fu così spazzata via e il 2 settembre sulla corazzata americana Missouri il Giappone firmò la resa senza condizioni.

Winston Churchill, il premier britannico che nel maggio del 1940, appena pochi giorni dopo essere stato eletto, dette inizio ai bombardamenti sulle città tedesche.

Colonia nel 1945, completamente rasa al suolo dopo le numerose incursioni dei bombardieri alleati.

JEAN-BEDEL BOKASSA

NAPOLEONE D'AFRICA

Jean-Bédel Bokassa figlio di un capo villaggio dell'Africa Equatoriale Francese (ora Repubblica Centrafricana) fin da piccolo sognava di ripetere le imprese di Napoleone Bonaparte e appena maggiorenne s'arruolò nell'esercito francese per combattere prima contro i nazisti e poi in Indocina. Nel 1961 fu richiamato in patria da David Dacko, il primo presidente della Repubblica Centrafricana finalmente indipendente, che gli affidò l'esercito. Quattro anni dopo però Bokassa non ripagò la fiducia del presidente e con un colpo di stato prese il potere. Nel dicembre 1977 finalmente potè coronare il suo sogno da bambino e con una cerimonia lunghissima, costata oltre 20 milioni di dollari, si fece incoronare imperatore con il nome di Bokassa I e cambiò il nome del suo paese in Impero dell'Africa Centrale. Concluso il rito, Bokassa I si sedette sul gigantesco trono, a forma di aquila, in bronzo dorato del peso di due tonnellate e costellato da 785000 perle e un milione di cristalli. Per le già malandate casse dello stato quello fu un colpo mortale dal quale non si ripresero più.

IL CROLLO

Nonostante questi eccessi e le accuse dei suoi oppositori, la Francia, con il suo presidente Valéry Giscard d'Estaing, non gli fece mai mancare il suo appoggio. Tutto ebbe termine con il massacro di Bangui, quando un centinaio di studenti che si erano ribellati, vennero uccisi e si disse che Bokassa avesse partecipato al massacro e che ne avesse mangiato i corpi di alcuni. Lo scandalo e l'orrore che ne derivarono costrinse anche i francesi ad abbandonarlo e nel settembre 1979 un reparto di paracadutisti francesi occupò la capitale e lo costrinse alla fuga. Si rifugiò dapprima in Costa d'Avorio e successivamente si stabilì in Francia. Nel frattempo un tribunale della rinata Repubbliva centrafricana lo condannò a morte in contumacia, ma nel 1986 inspiegabilmente tornò in patria dove venne immediatamente arrestato. Processato nuovamente venne dichiarato colpevole (anche se fu assolto dalle accuse di cannibalismo), ma la sua condanna a morte fu commutata in carcere a vita. Fu liberato nel 1993 e tre anni dopo morì.

L'AUTOPROCLAMAZIONE

Nel settembre del 1976 Bokassa sciolse il governo e tre mesi dopo al congresso del MESAN, il Movimento per l'Evoluzione Sociale dell'Africa Nera, dichiarò la trasformazione della repubblica in monarchia e la nascita dell'Impero Centrafricano. Il 4 dicembre del 1977, si autoproclamò "Imperatore del Centrafrica per volere del Popolo Centrafricano, unito nel seno del partito politico nazionale, il MESAN".

Il presidente francese Valery Giscard d'Estaing accoglie calorosamente all'aeroporto di Parigi Jean-Bedel Bokassa nel maggio del 1975.

Dopo essersi proclamato imperatore, Bokassa emise un decreto che obbligava i suoi sudditi a inchinarsi al suo cospetto.

Jean-Bedel Bokassa fotografato nel giorno dellla sua incoronazione a imperatore del Centrafrica il 4 dicembre 1977.

JORGE RAFAEL VIDELA

MILITARI AL POTERE

Jorge Rafael Videla il 24 marzo 1979 si recò dalla presidente argentina Isabelita Perón, da cui era stato nominato Comandante in capo dell'esercito e le annunciò che era in arresto e che il potere da quel momento sarebbe stato assunto da una giunta militare da lui presieduta. L'Argentina in quegli anni viveva in pieno caos politico, sociale ed economico: la lotta politica era contrassegnata da assassinii e attentati terroristici, l'economia era in balia di un'inflazione che impoveriva soprattutto i ceti medi e quelli più deboli, la corruzione era dilagante e per molti la strada della guerriglia era l'unica da percorrere. In questa situazione l'avvento dei militari al governo fu salutato da una parte della popolazione con favore, purché intervenissero immediatamente per riportare ordine e stabilità ala paese. I primi provvedimenti presi dalla giunta furono la sospensione della costituzione e lo scioglimento del Parlamento sostituito da un assemblea di persone scelte direttamente dai militari.

I tribunali vennero chiusi e il potere legislativo fu affidato a una commissione di nove militari. Tutti questi provvedimenti erano forieri di una dittatura che si sarebbe rivelata tra le più spietate del Sud-America, eppure ricevettero il beneplacito se non la benedizione del governo degli Stati Uniti che, con il suo segretario di Stato Henry Kissinger, non le fece mai mancare il suo appoggio.

LA GUERRA SPORCA

Fin dai primi giorni scattò un piano di repressione nei confronti di tutti gli oppositori, specialmenete contro i *montoneros*, i socialisti i radicali, i pacifisti e i comunisti extraparlamentari. Venne condotta quella che fu chiamata "guerra sporca" durante la quale migliaia di persone, tra i quali intellettuali, giornalisti e professori, sospettate di costituire una minaccia sovversiva furono sequestrate, incarcerate e assassinate.

La stima ufficiale delle persone assassinate sotto la sua presidenza è di 9000, ma secondo alcune fonti sarebbero tra i 15.000 e i 30.000. Fu condannato all'ergastolo nel 1985, ma nel 1990 ricevette la grazia. Processato di nuovo nel 2010, fu ancora condannato all'ergastolo. Morì improvvisamente in carcere nel 2013, senza mai essersi pentito per quanto aveva ordinato.

I DESAPARECIDOS

Il 30 aprile 1977 Azucena Villaflor de De Vincenti e altre 15 donne si presentarono in Plaza de Mayo a Buenos Aires, davanti alla Casa Rosada, con un fazzoletto bianco sulla testa, per chiedere notizie dei loro cari scomparsi nel nulla.

Fu così che il mondo conobbe il dramma che stava attraversando l'Argentina da quando la giunta militare era al potere: migliaia di persone erano desaparecidos e di loro non si sapeva più nulla.

Per non cadere nell'errore fatto da Pinochet, che aveva nostrato migliaia di prigionieri rinchiusi negli stadi, i militari argentini preferirono agire nell'ombra: facevano rapire da bande paramilitari i dissidenti che venivano condotti in carcere, torturati e uccisi, senza dare notizia ad alcuno.

Secondo alcune fonti molti desaparecidos furono imbarcati a bordo di aerei militari, sedati e lanciati nel Rio de la Plata, oppure gettati nell'Oceano Atlantico col ventre squarciato da una coltellata affinché i loro corpi fossero divorati dagli squali, durante i cosiddetti vuelos de la muerte, voli della morte.

Graffiti del 2011 in una strada di Buenos Aires, con la richiesta digiustizia per i desparecidos, le persone scomparse durante il regime di Videla.

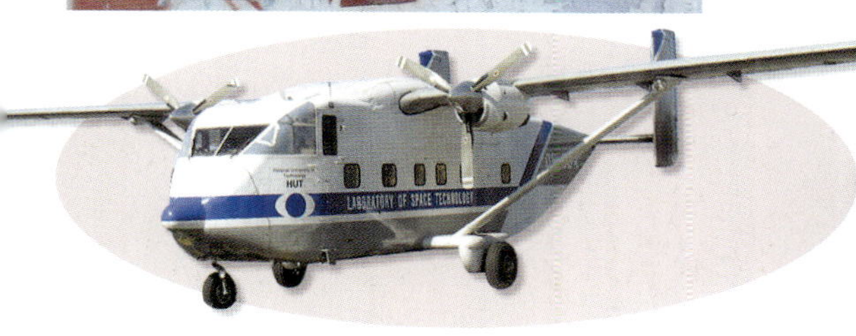

L'aereo Short SC.7 Skyvan, della prefettura argentina, usato dal regime per i "voli della morte". L'aereo è ora di proprietà dell'Helsinki University of Technology, Laboratory of Space Technology, e si trova all'aeroporto di Oulu, nella Finlandia settentrionale.

AUGUSTO PINOCHET

GENERALE GOLPISTA

Nato a Valparaíso, nel 1915, fu generale, politico e dittatore cileno. Al comando delle forze armate, l'11 settembre del 1973 fu promotore, con il sostegno degli USA, del colpo di stato che rovesciò il governo legittimo cileno guidato da Salvator Allende, leader di *Unidad popular*.
Nel biennio 1973-74 presiedette una giunta militare che esercitava sul Paese una feroce repressione su tutti gli avversari politici utilizzando sistematicamente la tortura e l'omicidio per sedare qualsiasi voce dissenziente.
Nel 1974 ottenne dalla giunta militare la nomina di presidente della repubblica, carica che un plebiscito-farsa gli confermò fino al 1997. Sebbene condannato dalla Commissione dei diritti umani dell'ONU nel 1977, continuò nella sua opera di repressione, forte dell'appoggio degli USA, e solo nel 1988 iniziò a tenere una linea politica un po' più moderata; credendo di godere ancora di un forte appoggio indisse un referendum per ottenere il prolungamento del suo mandato presidenziale, ma fu sconfitto (seppure di misura) e costretto a cedere la carica al democristiano Patricio Aylwin (1990), non prima di aver emanato un emendamento di amnistia per i responsabili dei crimini commessi dai suoi sostenitori.

Arresto di sostenitori del presidente Allende durante il golpe del 1973. Allende si era appellato "ai lavoratori, a tutti i democratici e i patrioti" perché lo sostenessero nella difesa della costituzione.

Augusto Pinochet riceve il Segretario di Stato americano Henry Kissinger nel 1976.

SFUGGITO ALLA GIUSTIZIA

Nell'ottobre del 1998, durante un viaggio a Londra, fu arrestato su richiesta della magistratura spagnola con l'accusa di genocidio, terrorismo e tortura, per i crimini perpetrati durante l'esercizio del potere, ma dopo una lunga schermaglia giuridico-diplomatica, poté tornare in Cile, grazie a una contestatissima decisione del ministro degli Interni britannico dettata da considerazioni diplomatiche.
Anche in patria fu coinvolto in varie inchieste della magistratura e posto agli arresti domiciliari e solo le sue cagionevoli condizioni di salute impedirono un giusto processo. Morì nel 2006.

Targa stradale a Madrid dedicata al presidente del Cile Salvador Allende, ucciso durante il golpe del 1973.

I componenti della giunta militare che effettuò il colpo di stato in Cile; da sinistra a destra, César Mendoza, José Toribio Merino, Augusto Pinochet e Leigh Guzmán.

IL GOLPE CONTRO ALLENDE

Alle elezioni presidenziali del 1970 il socialista Salvador Allende leader dello schieramento di sinistra Unidad popular aveva ottenuto la maggioranza relativa dei voti e pertanto il parlamento lo nominò presidente della repubblica.
Iniziò da subito un programma di nazionalizzazioni, soprattutto le miniere di rame, mettendosi contro le grandi multinazionali americane e per questo il governo statunitense, attraverso la CIA, promosse azioni di boicottaggio che bloccarono di fatto le attività del paese.
Approfittando di questo clima, il generale Pinochet e altri miltari l'11 settembre 1973 ordinarono l'assalto al palazzo presidenziale, la Moneda, dove era asserragliato Allende con i suoi collaboratori, che vennero uccisi durante l'attacco.

GLI SQUADRONI DELLA MORTE

AL SOLDO DEI DITTATORI

Negli stati in cui il mantenimento del potere non è basato sul consenso popolare ma sul terrore, i vari dittatori hanno avuto bisogno di un braccio armato che colpisse gli oppositori con metodi brutali e senza alcuna pietà. In America latina, ma non solo, è stato purtroppo frequente che sorgessero squadre formate da non molti elementi che nottetempo, ma in alcuni casi anche alla luce del sole, andavano alla ricerca delgli oppositori del dittatore del momento per ucciderli.
Non occorrevano processi o mandati di cattura per agire, bastava una segnalazione della polizia, di cui le squadre erano solitamente una emanazione, e lo sfortunato veniva preso e ucciso o fatto sparire per sempre. In altri casi gli squadroni della morte agivano per portare discredito ad un governo e favorirne il crollo, come nel caso del Cile durante il governo di Allende, in cui agivano organizzazioni paramilitari come *Patria y Libertad,* finanziate dalla CIA per gettare il paese nel caos.

Tropa de elite, le squadre speciali della polizia brasiliana.

LA CAIRO GANG

Nel 1920, durante la guerra d'indipendenza irlandese, i servizi segreti britannici crearono un gruppo di agenti, chiamato con il nome di Cairo Gang, *che vennero inviati a Dublino per condurre operazioni di intelligence contro importanti membri dell'IRA, l'Esercito repubblicano irlandese e, secondo gli irlandesi, con ordini che ne contemplavano l'assassinio.*
Si ritiene che si chiamassero con questo nome così perché spesso tenevano riunioni al Cafe Cairo *al 59 di Grafton Street a Dublino.*
*Oltre la Cairo Gang, anche un altro gruppo di agenti dell'*Intelligence *effettuò azioni contro membri dell'IRA: la* Igoe Gang, *dal nome del capo della polizia della contea di Mayo Eugene Igoe.*

POLIZIOTTI O ASSASSINI?

È successo anche che si formassero squadre di individui finanziate da imprenditori o negozianti che volevano sbarazzarsi della micro criminalità che era di ostacolo allo sviluppo delle loro attività; in Brasile furono così eliminati migliaia di *meninos de rua,* bambini che vivevano di furti e taccheggio. Nelle Filippine da quando è presidente Rodrigo Duterte (2016) sono attive delle organizzazioni paramilitari che danno la caccia ai trafficanti di droga, ma invece di arrestarli, li uccidono: in poco meno di un anno sono stati segnalati più di 1000 di questi casi, senza che le autorità siano mai intervenute, anzi sembra proprio che lo stesso presidente Duterte, incoraggi questo sistema, da lui ritenuto il più idoneo per stroncare definitivamente il traffico di droga nel suo paese.

Murale del 1954 opera del pittore messicano Diego Rivera che intende mostrare le connivenze fra i latifondisti delle piantagioni di banane e gli squadroni della morte che agivano in Honduras.

Lampião, Maria Bonita e alcuni altri cangaceiro, i ribelli della regione del Sertão, in Brasile, che saranno uccisi nel 1938 da una delle volantes, gli "squadroni della morte" creati dalla polizia brasiliana su pressioni dei latifondisti.

ROBERT MUGABE

LA LUNGA LOTTA PER L'INDIPENDENZA

Formatosi in una scuola cattolica retta dai gesuiti, nel 1949 si iscrisse all'università sudafricana di Fort-Hare dove entrò in contatto con elementi marxisti che ne influenzarono il pensiero. Nel 1960 rientrò in Rhodesia per lavorare come insegnante, ma soltanto un anno dopo abbandonò l'insegnamento per dedicarsi interamente all'attività politica. La Rhodesia allora era uno stato dominato dalla minoranza bianca che aveva in Ian Smith il suo leader e per Mugabe l'unico modo per liberare il paese da questa schiavitù era la lotta armata. Date queste idee fu presto arrestato e incarcerato per 10 anni. Nel 1974 venne rilasciato e si recò nel vicino Mozambico dove assunse la guida dell'ala militare dello *Zimbabwe African National Union* (ZANU), per sovraintendere a una intensificazione nell'attività di guerriglia, che si concluse con la conquista della tanto sospirata indipendenza. Nel 1980, alle prime elezioni, ottenne una vittoria tale da diventare subito primo ministro della Repubblica di Zimbabwe e il primo uomo di colore a ricoprire questa carica che prima d'allora era sempre stata affidata ad un bianco.

PRESIDENTE PER SEMPRE

Da quel momento non ha abbandonato mai il potere riuscendo a farsi eleggere dal 1987 in poi in tutte le elezioni presidenziali. Al'inizio del suo mandato cercò di conciliare i rapporti tra la maggioranza africana e la minoranza bianca ma dal 2000, con la riforma agraria, espropriò i terreni coltivati dai bianchi per consegnarli a suoi amici o ex combattenti dello ZANU; così facendo però sconvolse l'economia provocando una gravissima crisi che produsse un'inflazione mostruosa, che azzerò di fatto le ricchezze del paese. Nel 2007 modificò la costituzione in modo da potersi presentare per la quinta volta alle elezioni presidenziali, che naturalmente vinse. Il suo operato è stato più volte soggetto a feroci critiche da parte di organismi internazionali: *Amnesty International* lo ha accusato di crimini contro il suo stesso popolo oltre che di corruzione e malgoverno, ma i suoi estimatori invece individuano nelle conseguenze del colonialismo le cause dell'impoverimento del paese.

Robert Mugabe e la seconda moglie Grace Marufu, sua ex segretaria, salutano la folla, nell'agosto del 2014.

Robert Mugabe, con la prima moglie Sally Hayfron, attivista politica, in partenza dalla Andrews Air Force Base nel settembre 1983 dopo una visita di Stato negli Stati Uniti.

LA 5A BRIGATA

Dopo aver disciolto un governo di coalizione costituito con Nkomo, leader dell'Unione Popolare Africana di Zimbabwe (ZAPU), con la scusa di un tentativo di golpe, Mugabe si trovò a fronteggiare la rivolta dei sostenitori dell'avversario ex alleato, in maggioranza ex guerriglieri.
Per questo impiegò la 5ª Brigata, un corpo d'elite addestrato da istruttori nord-coreani, specializzato in omicidi politici mirati, che si rese anche responsabile tra il 1983 e il 1987 del massacro di oltre 20000 civili appartenenti all'etnia minoritaria Ndebele.

THEODORE SINDIKUBWABO

IL GENOCIDIO DEI TUTSI

Nato nella città di Butare nel 1928, nel sud del Ruanda, Sindikubwabo studiò medicina e divenne Ministro della Salute nell'amministrazione del presidente Kayibanda. Subito dopo l'assassinio de presidente Habyarimana, il 6 aprile 1994, Sindikubwabo fu nominato presidente provvisorio del Comitato di crisi controllato dal colonnello Théoneste Bagosora e alcuni pensano che egli abbia avuto un ruolo nell'organizzazione dell'attentato all'aereo che trasportava il presidente Habyarimana.

Sta di fatto che pur essendo un presidente fantoccio nelle mani del potente Bagosora si diede molto da fare durante la tragica persecuzione dei cittadini di etnia tutsi che partì immediatamente dopo l'attentato. Il 19 aprile durante la nomina a nuovo governatore di Butare arringò la folla e il suo discorso venne trasmesso in diretta per radio, invitandola a andare ad uccidere i Tutsi, considerati dagli Hutu una vera zavorra per il progresso del paese. Il 29 aprile, tornato a Butare, si congratulò con la popolazione per il "buon lavoro svolto". In quei giorni si susseguirono massacri e barbarie di ogni tipo, durante i quali anche il modo per uccidere era estremamente selvaggio in quanto non si utilizzavano pallottole, ma machete e bastoni chiodati. Le cifre ufficiali diffuse dal governo ruandese parlano di 1.174.000 persone uccise in soli 100 giorni. Sindikubwabo è fuggito in Zaire dove ha vissuto in esilio a Bukavu fino al 1999 quando è morto di morte naturale.

Convoglio di veicoli dell'Esercito americano che trasporta acqua fresca e aiuti alimentari da Goma ai rifugiati rwandesi del campo di Kimbumba, in Zaire (agosto 1994).

HUTU E TUTSI

Il Ruanda è un piccolo Stato dell'Africa centrale, che si trova nella regione dei Grandi Laghi, terra fertile e densamente popolata. È abitato prevalentemente da due gruppi: gli Hutu, che rappresentano l'85% del totale della popolazione e i Tutsi che sono il 14%. Entrambi appartengono all'enia Bantù, ma i dirigenti coloniali del secolo scorso vollero sottolineare la differenza tra i due gruppi creando una differenziazione razziale del tutto artificiale e che, alimentata da interessi economico-politici, è sfociata negli anni in un vero e proprio odio, con conseguenze inimmaginabili.

Il genocidio terminò col rovesciamento del governo Hutu e la presa del potere, nel luglio del 1994 del Fronte Patriottico Ruandese.

Nel 1997 furono avviati i primi processi per stabilire i responsabili del genocidio.

Crani esposti in memoria delle vittime del Genocidio del Ruanda presso il Nyamata Genocide Memorial, 30 km a sud di Kigaliu, in Rwanda, dove sono sepolte i resti di 50000 persone uccise nel 1994.

GENOCIDI IN AFRICA

STRAGI NASCOSTE

Si è parlato molto dei genocidi che hanno cancellato dalla terra intere popolazioni americane, stermiate con l'arrivo dell'uomo bianco nel Nuovo Mondo, ma si è purtroppo parlato poco di quello che è successo in Africa sia durante il periodo coloniale sia dopo, quando le autorità francesi, inglesi o spagnole lasciarono il campo ai dirigenti locali.
La storia dei genocidi in Africa è marchiata dall'indifferenza dell'Occidente di fronte a eventi percepiti come distanti dai propri interessi.
Inoltre un razzismo istintivo, che porta a considerare il povero indigeno un essere inferiore, è sempre stato nel DNA dell'uomo bianco, anche di quello apparentemente progressista, per cui i drammi di quelle popolazioni non hanno attirato più di tanto l'attenzione del mondo occidentale se non quando sono stati coinvolti interessi particolari.

In alcune zone dell'Africa ancora oggi molti esseri umani vivono quasi in schiavitù, soprattutto bambini.

Herero catturati dalle truppe coloniali tedesche nell'Africa Orientale Tedesca nel 1904. Quello degli Herero viene considerato il primo genocidio del Novecento.

L'AFRICA LIBERATA

Con la caduta degli stati coloniali sono venuti alla ribalta personaggi di cui ci siamo già occupati in altre pagine di questo libro, e altri che per ragioni di spazio abbiamo dovuto omettere, ma altrettanto malvagi.
Purtroppo l'eredità coloniale ha lasciato uno strascico di corruzione e violenza che ha prodotto la realtà attuale: fatta di fame e povertà.
A farla da padroni sono, come sempre, i "signori della guerra" che con le armi fornite dalle grandi potenze occidentali, tiranneggiano il loro popolo costringendo molti individui a cercare la salvezza nella vicina Europa, attraversando quel Mar Mediteraneo che sta diventano sempre di più il cimitero degli africani.

Marcia dei rifugiati del Rwanda attraverso quello che è stato chiamato con il nome di "cammino delle lacrime". Martha Rial, la fotografa statunitense che ha scattato questa foto, ha vinto il Premio Pulizer nel 1998.

MASSACRI E ODI FRA ETNIE

Le guerre tribali in Africa ci sono semre state, fin dai tempi antichissimi: il controllo dei pozzi o dei pascoli era essenziale per una economia che si basava esclusivamente sull'allevamento e l'agricoltura.
Queste rivalità sono proseguite anche in epoca moderna soprattutto in quegli stati in cui sono stati costrette a convivere etnie storicamente rivali. Il massacro nel Rwanda tra Tutsi e Hutu ne è stato l'esempio più eclatante, ma purtroppo non il solo.
Nel vicino Congo, un paese potenzialmente ricchissimo, è in atto l'ennesimo massacro, dove gli interessi delle multinazionali per le materie prime, spinge avventurieri a qualsiasi tipo di violenza per impossessarsene.

KIM IL SUNG

IL PADRE DELLA PATRIA

Nato nel 1912 nel villaggio di Mangyongdae, oggi Pyongyang, dovette fuggire con la sua famiglia in Cina quando arrivarono i Giapponesi.

Nel 1941 si rifugiò in Russia dove divenne capitano dell'Armata Rossa con la quale rientrò in Corea nel 1945 e fu posto proprio dai russi a capo del Comitato popolare provvisorio.

Nel giugno 1950, nel tentativo di unificare sotto un unico regime la penisola di Corea, lanciò un attacco contro la Corea del Sud riuscendo ad occupare Seul e gran parte del paese.

A quel punto intervennero le Nazioni Unite che inviarono delle truppe, soprattutto statunitensi, che respinsero gli invasori ricacciandoli ben oltre il confine tra le due Coree. Kim e il suo governo furono costretti a rifugiarsi in Cina. A novembre dello stesso anno le truppe cinesi entrarono in guerra e respinsero le forze delle Nazioni Unite, rioccupando Pyongyang in dicembre e Seul nel gennaio 1951.

A marzo ci fu la controffensiva delle truppe americane che riconquistarono Seul e stabilizzarono il confine lungo il 48 parallelo, così come è ancora oggi. Dopo l'armistizio del 1953 al seguito delle forze cinesi, Kim fu in grado di ristabilire il suo governo a nord di questa linea.

Ritratto di propaganda con Kim Il Sung, a sinistra, insieme a suo figlio Kim Jong-il, a destra.

Illustrazione celebrativa che mostra Kim Il Sung in visita a una fattoria cooperativa mentre si complimenta per i risultati raggiunti.

DITTATORE A VITA

Una volta stabilita la tregua con i sudcoreani (un trattato di pace non esiste ancora oggi) si dedicò a consolidare il suo potere eliminando tutte le voci dissidenti all'interno del Partito dei lavoratori coreani.
È diventato un "padre padrone" e ha deciso di trasformare la Corea del Nord in una società austera, militaristica e altamente reggimentata.
Nei primi decenni del suo governo la Corea del Nord conobbe una rapida crescita economica, ma a partire dagli anni '70 si ebbe una stagnazione, anche perché il principale partner commerciale la Cina, aveva intrapreso una strada economica che mal si conciliava con quella coreana.
Morì nel 1994 e lasciò le redini del paese a suo figlio Kim Jong-il.

Grande monumento alla rivoluzione socialista a Pyongyang,

EROE NAZIONALE E CULTO DELLA PERSONALITÀ

Durante gli anni settanta il culto della personalità di Kim divenne sempre più grande e i media presentavano Kim Il Sung come il più grande genio della storia coreana; si diceva che egli supervisionasse praticamente ogni aspetto della vita del Paese e gli venivano attribuiti poteri quasi sovrannaturali e divinatori, anche perché il dittatore affermava che la Corea sarebbe stata riunificata entro il 1982, anno del suo settantesimo compleanno creando non pochi timori per l'inizio di una nuova guerra nella penisola.
Negli anni ottanta sul lato destro della parte posteriore del collo di Kim si sviluppò una calcinosi grande quanto le dimensioni di un pugno, che non poteva essere asportata e allora la propaganda cercò immediatamente di non mostrare tale deformità tanto che sia fotografie sia filmati vennero fatti con un'angolatura tale da riuscire a nasconderla.

TERRORISTI: DA BIN LADEN ALL'ISIS

LO SCEICCO DEL TERRORE

Figlio di un ricchissimo imprenditore del ramo edilizio di origine yemenita, Osama Bin Laden si laureò in ingegneria all'Università di Jedda.
Subito dopo aver completato gli studi, anziché dedicarsi alle attività imprenditoriali, mise a disposizione il suo enorme capitale al servizio della causa islamica aderendo ai gruppi più oltranzisti votati alla *jihad*, la guerra santa contro gli infedeli.
Con l'avvento dei Talebani in Afghanistan fece di questo Paese, completamente votato all'Islam, la sua seconda patria e da lì impartì gli ordini, secondo i servizi segreti americani, ai commandos che compirono diversi attentati terroristici, tra cui quello contro le torri Gemelle di New York.
Attivamente ricercato da tutti i servizi segreti dei Paesi occidentali, è stato scovato in Pakistan, vicino a Islamabad, e ucciso durante l'incursione dei *Navy Seals* americani il 2 maggio del 2011.

Le immagini di mezzi di miliziani dello Stato islamico in coda diretti verso Sirte, in Libia, nell'agosto 2015.

Osama bin Laden, fondatore e leader dell'organizzazione terroristica al-Qaida, in una fotografia della fine degli anni Novanta del secolo scorso.

La bandiera dello Stato islamico dell'Iraq e del Levante.

IL NUOVO CALIFFATO

In conseguenza della seconda guerra del golfo e dell'occupazione dell'Afghanistan parecchi musulmani si arroccano su posizioni sempre più oltranziste, e dichiarano guerra in tutti i modi e in tutti i luoghi all'Occidente.

Vengono così organizzati nuovi attentati a Parigi, Londra, Berlino, Madrid, Bruxelles e altre grandi città europee dove le vittime sono ignari passanti, clienti di un bar o passeggeri in attesa di un volo o di un treno.

Questi terroristi trovano un punto di riferimento in Abu Bakr al-Bagdadi, che dichiara di essere il nuovo califfo che, approfittando della grave crisi siriana, ha occupato con il suo esercito di terroristi un territorio tra la Siria e l'Iraq. I metodi adottati sono brutali e attraverso un abile uso dei media terrorizzano tutto il mondo occidentale, presentando filmati in cui i prigionieri, solitamente cittadini occidentali, vengono sgozzati davanti alle telecamere.

Militanti dell'ISIS conducono prigionieri verso il luogo dell'esecuzione che sarà ripresa e poi resa visibile in internet.

Abu Bakr al-Baghdadi parla ai fedeli durante la preghiera del venerdì nel luglio 2014 in una moschea di Mosul.

11 SETTEMBRE 2001

Alle 8:48 un aereo di linea appena decollato e diretto a Boston precipita su New York colpendo una delle due torri gemelle del World Trade Center; subito si pensa a un incidente, ma 15 minuti più tardi anche la seconda torre viene colpita da un altro aereo; alle 9:43 un terzo aereo si schianta sul Pentagono, mentre un quarto aereo precipita in Pennsylvania (probabilmente il suo obiettivo era la Casa Bianca).

Tutto il mondo rimane attonito davanti a questo attentato provocato da terroristi che quasi subito vengono identificati come appartenenti all'organizzazione terroristica al Qaida che fa capo a Osama Bin Laden.

INDICE ANALITICO